Dr. h. c. Hans Räber

# VOM WOLF ZUM RASSEHUND

**KYNOS VERLAG**

© 1999 KYNOS VERLAG
Dr. Dieter Fleig GmbH
Am Remelsbach 30
D-54570 Mürlenbach/Eifel
Telefon: 06594/653
Telefax: 06594/452
Internet: http://www.kynos-verlag.de

Gesamtherstellung: Dr. Cantz'sche Druckerei, 73760 Ostfildern

Fotos Buchtitel entnommen aus:
Eberhard Trumler »Das Jahr des Hundes«
Dr. Dieter Fleig »Kynos Hundefibel«
Wilcox/Walkowicz »Kynos Atlas-Hunderassen der Welt«

ISBN 3-933228-14-X

Das Werk einschließlich aller seiner Teile ist urheberrechtlich geschützt. Jede Verwertung außerhalb der engen Grenzen des Urheberrechtsgesetzes ist ohne schriftliche Zustimmung des Verlages unzulässig und strafbar. Das gilt insbesondere für Vervielfältigungen, Übersetzungen, Mikroverfilmungen und die Einspeicherung und Verarbeitung in elektronischen Systemen.

# INHALTSVERZEICHNIS

| | |
|---|---:|
| **Vorwort** | 9 |
| **1. Zur Urgeschichte des Haushundes** | 10 |
| *Primus unter den Haustieren* | 10 |
| *Kurzer Überblick zur Geschichte der Abstammungsforschung* | 12 |
| *Kurzer Exkurs in die Evolutionstheorie* | 17 |
| *Wann trennten sich Wolf und Hund?* | 19 |
| *Offene Fragen* | 20 |
| *Warum wurde gerade der Hund zum ersten Haustier des Menschen?* | 23 |
| *Erste domestikationsbedingte Veränderungen* | 29 |
| **2. Der Torfhund** | 33 |
| *Knochenfunde in neolithischen Siedlungen* | 33 |
| *Bildliche Darstellungen* | 41 |
| **3. Die Beziehung der prähistorischen Hunde zu heutigen Hunderassen** | 46 |
| **4. Vom Torfhund zum heutigen Rassehund - Steigerung der Variabilität** | 55 |
| *Eisenzeit - die Hundepopulation wird uneinheitlich* | 55 |
| *Vielfalt der Haarfarben* | 57 |
| *Wie entstehen Fellfarben?* | 61 |
| *Übersicht der wichtigsten Farbmutanten des Hundes* | 68 |
| *Vielfalt der Haararten* | 80 |
| *Die wichtigsten Felltypen* | 80 |
| *Vielfalt der Schädelformen* | 85 |
| *Variabilität der Körperformen* | 93 |
| *Physiologische Veränderungen* | 98 |
| *Variabilität psychischer Merkmale* | 103 |

## 5. Beginn der Rassenzucht    106
*Der Rassenbegriff*    106
*Varietäten und Typen*    108
*Parias, Schensihunde und Naturrassen*    111
*Reine Rassen*    114
*Neuorientierung im 19. Jahrhundert*    116
*Rassewandel*    119

## 6. Hundezucht und Tierschutz    131
*De gustibus non est dispudandum*    131
*Der Rassehund ist unter Beschuss geraten*    131

## 7. Einige Beispiele problematischer Zuchtziele    133
*Extreme Kurzschnauzigkeit*    133
*Hautfalten, hängende Augenlider, zu lange Ohren*    138
*Zu viel Haar - zu wenig Haar*    143
*Zu groß - zu klein*    146
*Stummelrute und Afterkrallen*    150
*Empfehlungen des Europarates*    151

## 8. Forderungen für die Zukunft    154

## Literaturverzeichnis    156

# VORWORT

In den letzten Jahren sind etliche Bücher mit ähnlichen Titeln erschienen. Trage ich nun »Eulen nach Athen«? Ich denke nein, denn die Autoren der besagten Bücher sind Ethologen. Sie beschreiben uns eindrücklich die soziale Hierarchie innerhalb eines Wolfrudels und die subtilen Ausdrucksformen, die der innerartlichen Verständigung dienen und so die soziale Gliederung gewährleisten. Vom Verhaltensinventar der Wölfe ausgehend, zeigen uns die Ethologen auf, über wie viel von diesem wölfischen Verhaltensinventar der Haushund noch verfügt, mit anderen Worten, wie viel »Wolf« noch im Hunde steckt. Was jedoch bis heute in der kynologischen Literatur fehlt, ist eine zusammenfassende Beschreibung der großen morphologischen Variabilität des Haushundes, die Formen hervorgebracht hat, die die Grenzen einer Unterart schon fast sprengen. Es ist nicht leicht, in einem Pekingesen oder Chinese Crested Dog noch die Angehörigen einer Unterart des Grauwolfes zu sehen, doch darüber, dass der Grauwolf die wilde Ausgangsform des Haushundes ist, gibt es heute kaum mehr Zweifel.

Zwar geben die vielen Bücher, in denen fast alle heute bekannten Hunderassen mehr oder weniger gut beschrieben sind, einen Überblick über die Rassevielfalt des Haushundes. Aber der Weg, der vom Wolf bis zum Rassehund von heute zurückgelegt worden ist, wird nicht aufgezeigt oder, wenn dies geschieht, meistens sehr unkritisch. Es werden da unter dem Motto »Wer uralt ist, muss auch gut sein« direkte Abstammungslinien vom Torfhund der Pfahlbauer zu einer heutigen Hunderasse gezogen, ein Unterfangen, das in keiner Weise belegt werden kann.

Hunderassen sind keine statischen, sondern dynamische Einheiten, sie unterliegen einer ständigen Veränderung, und sehr oft tragen die Standards diesen Veränderungen nicht genügend Rechnung.

Die große genetische Variabilität und das Auftreten immer neuer Mutanten haben die Hundezüchter öfter dazu verleitet, einige rassetypische Merkmale besonders zu betonen, sie zu übertreiben, ohne Rücksicht darauf, dass biologische Grenzen nicht ungestraft überschritten werden dürfen. Die Folge dieser falsch gesetzten Zuchtziele sind Formen, die dem Hund ein artgerechtes Leben weitgehend verunmöglichen und dazu führen, dass in den Medien von »Qualzuchten« die Rede ist und so der Rassehund pauschal in Misskredit gebracht wird. Aufzuzeigen, wo diese Grenzen gesetzt werden müssen, wenn der Rassehund noch eine Zukunft haben soll, ist ein weiteres Anliegen dieses Buches. Dabei muss aber immer wieder betont werden, dass die Bedürfnisse des Haushundes nicht an den Bedürfnissen des Wolfes gemessen werden dürfen, denn der Hund lebt in einer völlig anderen »ökologischen Nische« als Urvater Wolf.

Hunderassen sind Kulturgut, das erhalten werden muss. Möge dieses Buch dazu beitragen. Das ist der Wunsch des Autors, den Hunde mehr als 60 Jahre seines Lebens begleitet haben und der sich ein Leben ohne Hund nicht vorstellen kann.

Dr. h. c. Hans Räber

# Kapitel 1

# ZUR URGESCHICHTE DES HAUSHUNDES

**PRIMUS UNTER DEN HAUSTIEREN**
Zitate berühmter und weniger berühmter Leute haben zu allen Zeiten die Sonderstellung, die der Haushund unter den Haustieren einnimmt, veranschaulicht. Martin Luther, der »glaubte, dass auch die Belferlein und Hündelein in den Himmel kommen«, war der Einzige, der dem Hund ein Weiterleben nach dem Tode zugestand.

Lange vor ihm hat ein unbekannter römischer Dichter an seine Hündin »Sappho« geschrieben: »Wenn Deine Seele, o teure, edle Freundin, mich auf der letzten, weiten Reise nicht begleitet, verlangt es mich nicht nach der Ewigkeit«.

Doch auch unsentimentale Wissenschaftler haben dem Hund ein Loblied gesungen, so der berühmte Forscher Cuvier (1769-1832), der Begründer der neuzeitlichen Wirbeltierpaläontologie: »Der Hund ist die merkwürdigste, vollendetste und nützlichste Eroberung, welche der Mensch jemals gemacht hat, denn die ganze Art ist unser Eigentum geworden; jedes Einzelwesen gehört dem Menschen, seinem Herrn, gänzlich an, richtet sich nach seinen Gebräuchen, kennt und verteidigt sein Eigentum und bleibt ihm ergeben bis in den Tod. Dies alles entspringt weder aus Not noch aus Furcht, sondern aus reiner Liebe und Anhänglichkeit. Die Schnelligkeit, Stärke, die Feinheit seines Geruchs haben aus ihm einen mächtigen Gehilfen für den Menschen gemacht, vielleicht ist er sogar notwendig zum Bestand der menschlichen Gesellschaft. Der Hund ist das einzige Tier, das dem Menschen über den ganzen Erdball gefolgt ist.«

Und der Doyen der modernen Verhaltensforschung, der Nobelpreisträger Konrad Lorenz schrieb 1958: »Wenn ich meine Freunde zähle, und wenn ich vor allem die Toten unter meinen Freunden an meinem inneren Auge vorüber ziehen lasse, und wenn ich es zum Kriterium wirklicher Freundschaft erhebe, ob ich einem von ihnen wirkliche Tränen nachgeweint habe, so komme ich trockener Naturwissenschaftler zu dem Ergebnis, dass erstaunlich viele von meinen wirklichen Freunden Söhne und Töchter von Hündinnen gewesen sind.«

Der Philosoph F. Nietzsche legt in seinem berühmten Werk »Also sprach Zarathustra« dem persischen Propheten die Worte in den Mund: »Vom Verstande des Hundes bestehet die Welt.«

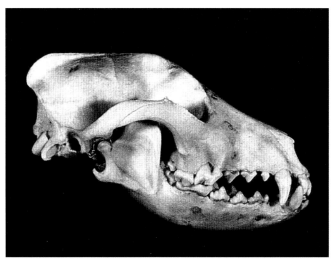

Abb. 1. Die Variabilität des Haushundes, insbesondere der Schädelformen, ist derart groß, dass sie schon fast die Grenzen des Artenbegriffs sprengt.
OBEN: Schädel eines Glatthaarpinschers.
UNTEN: Schädel eines Pekingesen.
Fotos: M. Nussbaumer, Sammlung Albert Heim Stiftung.

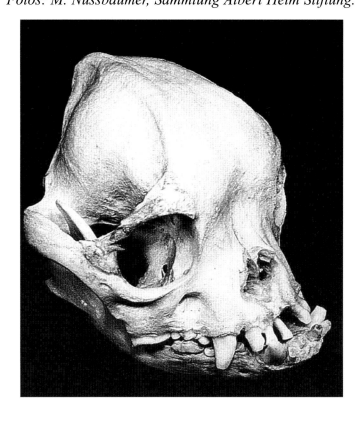

Der Hund nimmt auch insofern eine Sonderstellung unter den Haustieren ein, als vermutlich seine Ahnen die ersten Wildtiere waren, die sich dem Menschen angeschlossen und im Laufe der Zeit eine große Zahl der unterschiedlichsten Rassen gebildet haben. Kein anderes Haustier hat eine derartige Fülle der verschiedensten Formen hervorgebracht wie der Hund, Formen, die zum Teil weit voneinander abweichen, so dass bei manchen von ihnen die ursprüngliche Wildform kaum mehr zu erkennen ist.

Die Variabilität ist so groß, dass sie die Grenzen des Artenbegriffs schon fast sprengt. Es würde kaum einem Zoologen einfallen, zwei Wildtiere, die sich derart voneinander unterscheiden wie ein Pekingese von einem Greyhound, der gleichen Art zuzuordnen (Abb. 1).

## KURZER ÜBERBLICK ZUR GESCHICHTE DER ABSTAMMUNGSFORSCHUNG

»Am Anfang gab es weder Hund noch Hauskatze. Haustiere sind nicht in der freien Natur entstanden, sie wurden erst spät, sehr spät vom Menschen geschaffen. Hunde und Hauskatzen sind Geschöpfe des Menschen«, schrieb einst der Verhaltensforscher Heini Hediger.

Bevor der englische Naturforscher Charles Darwin (1809-1882) mit seiner bahnbrechenden Lehre »Über die Entstehung der Arten« (1859) eine brüske Wende im naturwissenschaftlichen Denken des Abendlandes hervorrief, nahm der Mensch die Haustiere als etwas Naturgegebenes hin. Sie waren einfach da, waren immer dagewesen und hatten dem Menschen in dieser oder jener Form genützt und werden ihm weiterhin von Nutzen sein.

Darwins Lehre warf dieses Denken über den Haufen. Die einzelnen Schöpfungstage der Genesis im ersten Buch Mose weiteten sich zu Jahrmillionen, und der einzelne Schöpfungsakt wurde gleichsam zu einer langen Versuchsreihe. Der Mensch sah nun sich selber und seine Haustiere als Endglieder langer Entwicklungsreihen. Der Forschung wurden neue Wege in die bisher weitgehend unbekannte Vergangenheit eines jeden Lebewesens gewiesen. Die Haustierforschung blickte nun rückwärts. Schritt für Schritt stiegen die Forscher in immer tiefere Schichten hinunter. Material für die Geschichte der Haustiere konnte vorläufig nur die systematische Ausgrabung ältester menschlicher Siedlungen liefern.

Die Frage nach dem Ursprung des Haushundes, die Frage nach der Wildform, beschäftigt seit fast 200 Jahren die Forscher. Sie wurde sogar nach dem Erscheinen von Darwins Werk (1859) und der Entdeckung der Pfahlbau- oder Torfhunde durch Rütimeyer (1862) zeitweilig zu einem der wichtigsten Anliegen der stammesgeschichtlichen Forschung.

W. Huber, von 1964-1984 Direktor des Naturhistorischen Museums in Bern, hat 1955 in einer Abhandlung »Über den Ursprung des Haushundes« einen kurzen Überblick über die Geschichte der Abstammungsforschung verfasst, die ich hier, leicht gekürzt, wiedergeben will. Sie enthält in gedrängter Form die wichtigsten Daten einer über zweihundertjährigen Forschungsgeschichte:

»Der erste moderne Forscher, der sich mit der Abstammung des Hundes befasste, war Buffon (1707-1788). Er hat in seiner berühmten, 36 Bände umfassenden Beschreibung des Tierreichs auch die Hunderassen beschrieben und die Ansicht ausgesprochen, dass sie auf eine unbekannte Wildhundart zurückgehen, die sich in ursprünglichen Rassen wie etwa dem ›Chien de berger‹ mehr oder weniger rein erhalten habe.

Erst Gueldenstädt (1767) unternahm den Versuch, den Haushund von einer noch lebenden Wildhundart, dem Schakal, abzuleiten. Dieser war eben ausführlich beschrieben worden, und es sind besonders seine erstaunliche Zutraulichkeit und die leichte Zähmbarkeit, die Gueldenstädt zu diesem Schluss führten. So nahm er an, der Schakal habe sich dem Menschen der Urzeit förmlich aufgedrängt.

Linné (1707-1778), ein Zeitgenosse Buffons, hat den Haushund zum ersten Mal als eigenständige Art (Canis familiaris) neben wilde Hundearten wie Wolf (Canis lupus), Schakal (Canis aureus) und Fuchs (Vulpes vulpes) gestellt. Weil er aber alle Arten als selbständige Schöpfungen betrachtete, stellte sich für ihn die Frage nach den wilden Ahnen des Hundes nicht.

Rosenmüller (1804) stellte erstmals den Wolf als Stammvater unserer Hunde zur Diskussion.

Geoffroy St. Hilaire (1860) sprach sich wieder für den Schakal aus, wollte jedoch die Windhunde ausgenommen wissen, die er auf den abessinischen Wolf (Canis simensis) zurückführte. Die Abstammung des Hundes wäre also nicht aus einer Wurzel, sondern aus deren zwei zu denken.

Blainville (1777-1850), ein Schüler Cuviers, versuchte wieder den Hund aus einer Wurzel herzuleiten, wobei er annahm, dass es sich bei ihm um eine besondere Art handle, die weder mit dem Wolf noch mit dem Schakal identisch sei.

Doch schon zwei Jahre später (1866) postulierte Fitzinger gleich sieben erloschene Wildhundarten als Stammformen für den Haushund.

Darwin (1868) ging noch weiter, indem er annahm, dass die domestizierten Hunde der Erde von zwei Arten von Wölfen (Canis lupus und Canis latrans) und von zwei oder drei anderen zweifelhaften Arten von Wölfen, europäischen, indischen und nordamerikanischen, ferner von wenigstens einer oder zwei südamerikanischen Arten von Caniden, dann von mehreren Rassen von Schakalen und vielleicht von einer oder mehreren ausgestorbenen Arten abstammen. Darwins

Absicht ist einfacher als sie scheint. Sie enthält die richtige Annahme, dass die Domestikation des Hundes nicht ein einziges Mal und an einem einzigen Ort erfolgt ist, und da nun die wilden Caniden in verschiedenen Gebieten durch verschiedene geografische Formen vertreten sind, müssen die domestizierten Hunde auch verschiedene Wurzeln haben.

Middendorf (1874) betrachtete Schakal und Wolf als Ahnenformen des Haushundes.

Für Jeitteles (1877) hat das Haushundegeschlecht ebenfalls verschiedene Wurzeln. Er nannte den Schakal als Vorläufer des neusteinzeitlichen Torfhundes (Canis familiaris palustris), den afrikanischen Schakalwolf (Canis lupaster) als Ahnenform der altägyptischen und der Pariahunde und endlich den ausgestorbenen indischen Wildhund (Canis pallipes) als Urform des Schäferhundes.

Auch Nehring (1884), Keller (1902), Strebel (1904), Noack (1918), Hilzheimer (1921, 1926) und Antonius (1922) leiteten den Haushund vom Wolf und vom Schakal ab. Antonius nannte eine ganze Reihe von kleinen Wolfsschlägen, wovon einer jedoch durch Hilzheimer als Grauschakal bestimmt wurde.

Erst Studer distanzierte sich wieder von dieser Annahme, indem er den von Bourguinat (1875) beschriebenen fossilen Wildhund (Canis ferus fossili) und dessen Zwergform (Canis mikii) neben dem japanischen Wolf (Canis hodophylax) als die wilden Urahnen betrachtete. Nach Nehring handelt es sich beim Canis ferus fossili um einen Wolf. Da nun Studer selbst den Canis ferus ausdrücklich als wolfsartigen Wildhund betrachtete, und da nach ihm auch Gerrit Miller (1919) sowie Brinkmann (1924) den Wolf als einzigen Stammvater des Hundes anerkannten, schien es, als wäre die Abstammungsfrage zu Beginn unseres Jahrhunderts endgültig zugunsten des Wolfes gelöst worden.«

Soweit Huber in seinem Überblick über die Meinungen der Forscher des 19. Jahrhunderts zur Abstammung des Haushundes. Huber selbst kam dann auf Grund einiger biometrischer Forschungen an Wolf- und Schakalschädeln zur Ansicht, es kämen sowohl der Wolf wie der Schakal als Ahnen des Hundes in Frage.

Die gleiche Ansicht vertrat auch noch 1958 Konrad Lorenz, der in seiner Publikation »So kam der Mensch auf den Hund« von lupus- und aureusblütigen Hunden spricht, eine Unterscheidung, die er dann allerdings später als unhaltbar widerrief.

Auch E. Hauck, der wohl bedeutendste Kynologe in der ersten Hälfte des 20. Jahrhunderts, schließt in der 1950 erschienenen Abhandlung über »Abstammung, Ur- und Frühgeschichte des Haushundes« mit dem resignierten Satz: »Der Wolf und der indisch-persische Canis pallipes kommen als Ahnen von Rassegruppen nach meiner Überzeugung nicht in Frage. Schakale haben nach eigenen Untersuchungen ebenfalls keinen Anspruch auf die Urvaterschaft.«

Neue Impulse in die Abstammungsforschung brachte dann in der zweiten Hälfte des 20. Jahrhunderts die von Lorenz, Tinbergen, Hediger und anderen begründete Verhaltensforschung.

Einer der ersten, der die Verhaltensmuster verschiedener Caniden (Wolf, Kojote, Rotfuchs) miteinander verglich, war der Amerikaner M. W. Fox (Canine Behavior, 1965). Zur gleichen Zeit erschien von J. P. Scott und J. L. Fuller 1965 die Studie über »Genetics and Social Behavior of the Dog«. Doch trotz weitgehender Übereinstimmung der Verhaltensmuster von Wolf und Hund, vor allem im Vergleich der differenzierten Mimik, mit der sich Wolf und Hund innerhalb eines Rudels miteinander verständigen, will Fox (1975) andere Caniden als den Wolf als Ahnen des Hundes nicht ausschließen, weil »als Folge der Domestikation - genetischer Selektion und sozialer Umgebung ... einige dieser Verhaltensmuster Modifikationen durchmachen«. Er nennt dazu Atrophie oder Hypertrophie, Anheben oder Absinken der Reaktionsschwelle, Auslassung, Wiedereinführung oder Übersteigerung einer oder mehrerer Komponenten einer Verhaltenssequenz, Emanzipation und Ritualisierung eines Verhaltensmusters, Auftreten neuer Muster oder Kombinationen und Modifizierungen artspezifischer Muster.

Klarheit in die Abstammungsfrage brachten dann vor allem die Untersuchungen von D. Feddersen-Petersen am Institut für Haustierkunde der Christian-Albrecht-Universität in Kiel. Sie hat ab 1978, ausgehend von Pudel-Wolf-Kreuzungen durch W. Herre, an den von ihr gezüchteten Bastarden zwischen Pudel und Wolf, Pudel und Schakal die Wurzeln hundlichen Verhaltens im Verhalten des Wolfes aufgezeigt.

Wenn Herre und Röhrs (1973) beteuern, dass ein Haustier jeweils auf nur eine wilde Stammart zurückzuführen ist, eine Stammart mit der das Haustier eine natürliche Fortpflanzungsgemeinschaft bildet, so kommt Feddersen-Petersen auf Grund ihrer Kreuzungsversuche zwingend zu dem Schluss, dass nur der Grauwolf als Urahn des Haushundes in Frage kommen kann und der Goldschakal mit Sicherheit entfällt.

Gestützt wird dieser Befund zudem durch einen Vergleich der Hirngewichte. Alle Haustiere weisen gegenüber der wilden Stammform ein geringeres Hirngewicht auf. Diese Reduktion beträgt bei gleicher Körpergröße von Wolf und Hund im Durchschnitt 30 %.

Anders verhält es sich beim Vergleich der Hirngewichte von Hund und Schakal. Bei gleicher Körpergröße liegt das Hirngewicht des Schakals unter demjenigen des Hundes. Wir können deshalb auf Grund der heutigen Forschungsergebnisse den Haushund als eine Unterart des Grauwolfes betrachten (Abb. 2).

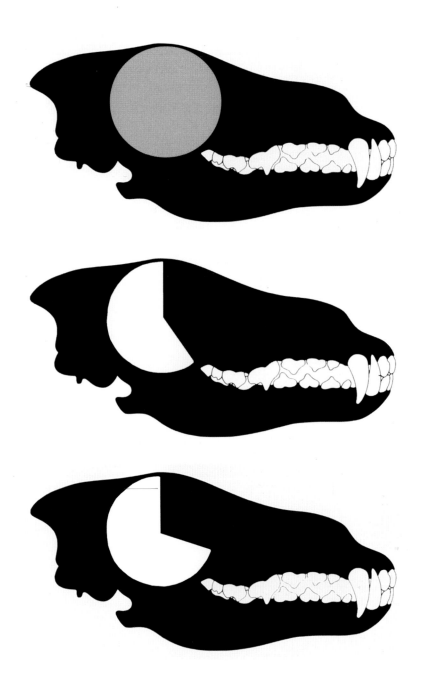

*Abb. 2. Schematische Darstellung der Hirngewichte von Wolf, Schakal und Haushund. Haustiere haben kleinere Hirngewichte als ihre wilden Ahnen. Bei gleicher Körpergröße ist das Hirngewicht bei Haushunden rund 30 % geringer als beim Wolf, jedoch größer als das des Schakals (nach W. Herre).*

## KURZER EXKURS IN DIE EVOLUTIONSTHEORIE

Den Begriff »Evolutionstheorie« verbinden wir in der Regel mit dem Namen Charles Darwin. Das ist soweit auch richtig; doch lange vor Darwin lehrte Thales von Milet (640-584 v. Chr.) alles sei aus dem Wasser entstanden, und sein Schüler Anaximandros (611-546 v. Chr.) sah ebenfalls den Ursprung allen Lebens im Wasser. Vorfahre des Menschen war seiner Meinung nach eine Art Haifisch.

Der Grieche Empedokles (490-430 v. Chr.) kam in seiner Lehre von der natürlichen Auslese zu ähnlichen Ergebnissen wie Darwin; seiner Ansicht nach konnten nur die tauglichen Lebensformen überleben, die untauglichen starben aus.

Solche Lehren hatten freilich im christlich geprägten Mittelalter keinen Platz mehr. Damals galt die in der Genesis der Bibel geschilderte Schöpfungsgeschichte als unumstößliche Wahrheit.

Im 18. Jahrhundert erkannten einzelne Forscher in den aufgefundenen Fossilien ausgestorbene Pflanzen- und Tierarten, freilich ohne sie als Vorstufen der heutigen Tier- und Pflanzenwelt zu betrachten. Auch die großen Philosophen des 18. Jahrhunderts, Kant und Herder, beurteilten die Evolutionstheorie als »ein gewagtes Abenteuer der Vernunft« (E. Kant) und sahen in Pflanzen und Tieren einmalige Schöpfungsformen, die sich nicht verändern konnten. Selbst der berühmte Naturforscher Cuvier (1769-1832) lehnte die Evolutionstheorie als unhaltbare Spekulation ab.

Ihren Durchbruch erwirkte, wie schon erwähnt, Charles Darwin (1809-1882). Seine Beobachtungen an den Riesenschildkröten und Darwinfinken der Galapagos-Inseln und auch seine Studien an Haustieren überzeugten ihn von der Wandelbarkeit der Arten.

Zur gleichen Zeit kam, unabhängig von Darwin, der Naturforscher A. R. Wallace (1823-1913) zum gleichen Ergebnis auf Grund von Beobachtungen an Pflanzen und Tieren, die er auf seinen Reisen durch Südostasien und Indonesien gemacht hatte.

Am 01. Juli 1858 trugen die beiden Forscher ihre neue Theorie von der Entstehung der Arten der Linné-Gesellschaft in London vor und 1859 erschien Darwins Buch über »Die Entstehung der Arten durch natürliche Zuchtwahl«.

Mit dem Durchbruch der Darwin'schen Lehre stellte sich den Haustierforschern erneut die Frage nach der Abstammung des Haushundes. Colbert (1939) versuchte, eine möglichst lückenlose Ahnenreihe bis zurück ins Eozän aufzustellen. Als Ausgangspunkt der ganzen Ahnenreihe nimmt er einen schleichkatzenähnlichen Fleischfresser an, der im Übergang vom Eozän zum Oligozän vor rund vierzig Millionen Jahren gelebt haben soll und dem die Forscher den

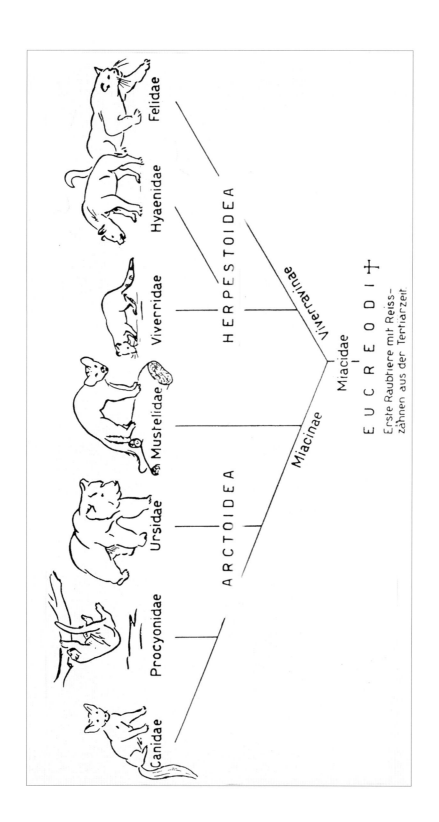

Abb. 3. *Stammbaum der Raubtiere nach Matthew. Aus Abel (1914), etwas vereinfacht.*

Namen Miacis gegeben haben. Aus Miacis entwickelten sich im Oligozän in Nordamerika die zwei Grundformen Daphaenus und Cynodictis, den Colbert als den Urahn sämtlicher Caniden betrachtet.

Seine Ahnenreihe weicht in einigen Punkten von derjenigen ab, die Matthew und Abel 1914 publizierten (Abb. 3). Doch diese Abweichungen können wir im Hinblick auf die eigentliche Forschung über die Abstammung des Hundes, die in der zweiten Hälfte des 19. Jahrhunderts einsetzte, übersehen und können dazu lediglich sagen: So könnte, aber muss es nicht gewesen sein.

## WANN TRENNTEN SICH WOLF UND HUND?

1997 publizierte ein Forscherteam der Universität von Kalifornien in Los Angeles unter der Leitung von Charles Vilà und Robert Wayne, beide Professoren für evolutionäre Biologie, in »Sience« die Ergebnisse ihrer molekularbiologischen Untersuchungen an DNS-Abschnitten* von den Mitochondrien aus 127 Wölfen aus 27 verschiedenen Wolfpopulationen Europas, Asiens und Nordamerikas, von 5 Koyoten, 12 Schakalen und 140 Hunden aus 67 verschiedenen Rassen.

Die Mitochondrien sind winzige Organellen in den Körperzellen. Auf ihnen sind zahlreiche Enzyme lokalisiert, die für die Umwandlung der Nährstoffe in Energie notwendig sind. Mitochondrien besitzen eigene Gene, und weil sich diese außerhalb des Zellkerns befinden, können sie nur von der Mutter an die Nachkommen weitergegeben werden. Auch diese Gene unterliegen einer Veränderung über sehr lange Zeiträume; die Molekularbiologen rechnen mit einer Veränderungsrate von 2-4 % in einem Zeitraum von einer Million Jahren. Das erlaubt den Forschern, anhand der DNS von Mitochondrien den Zeitpunkt der Trennung zwischen Arten zu errechnen.

Wenn nun mehrere DNS-Sequenzen der Mitochondrien beim Hund denen des Wolfs zwar ähnlich sind, aber Abweichungen aufweisen, so errechnen die Forscher daraus, wann sich der Hund ungefähr vom Wolf abgetrennt haben muss, und andererseits lässt sich aus dem Vergleich der Mitochondrien nachweisen, welche Caniden als Stammväter des Hundes in Frage kommen. Nach den Untersuchungen von Wayne und Vilà weichen die DNS-Sequenzen aus den Mitochondrien von Hund und Wolf nur 0,2 % voneinander ab, zwischen Hund und Schakal betrug die Abweichung aber 8 %.

Ist das nun der schlüssige Beweis, dass der Hund nur vom Wolf abstammen kann? Nein, sagt der Zoologe Rowell an der Universität Basel, für den Beweis müsste man zusätzliche Gen-Sequenzen im Zellkern untersuchen. »Erst bei einer Übereinstimmung beider Resultate hätte man den Beweis in Händen« (Zitat aus

---

* *DNS=Desoxyribonucleinsäure (englisch auch DNA) enthält bei allen Lebewesen, ausgenommen Viren, den gesamten genetischen Code.*

»Die Weltwoche«, Nr. 25/1997). Wayne und Vilà fütterten mit den Sequenzen ihre Computer, und diese kamen zu erstaunlichen Resultaten. So errechnete der Computer den Zeitpunkt der Trennung von Wolf und Hund auf 135.000 Jahre vor unserer Zeitrechnung.

Im weiteren ergaben sich erstaunliche Verwandtschaftsverhältnisse unter den einzelnen Rassegruppen. Die Forscher teilten sie anhand ihrer Computerberechnungen in vier Gruppen ein.

In der ersten Gruppe finden wir den Australischen Dingo, Leonberger, Bernhardiner, Irish Setter, Rottweiler, Pudel und andere moderne Rassen.

In der zweiten Gruppe weist sich der Norwegische Elchhund als naher Verwandter der Wölfe aus Italien, Frankreich und Rumänien aus.

In der dritten Gruppe finden wir den Deutschen Schäferhund, den Sibirischen Husky und den Mexikanischen Xoloitzquintle, in der vierten Gruppe den Flatcoated- und Golden Retriever neben dem Bassethound und Rauhaardackel.

Bisher allgemein anerkannte Rassegruppen und deren geografische Herkunft werden da über den Haufen gestoßen.

Auf Grund der vier Gruppen gehen Wayne und Vilà von höchstens vier Domestikationszentren aus oder gar nur von einem einzigen und drei späteren Rückkreuzungen mit Wölfen.

## OFFENE FRAGEN

Setzen wir die Ergebnisse der Untersuchungen von Vilà und Wayne in Beziehung zu dem, was uns bis heute Verhaltensforscher, Paläontologen und Anatomen über die Abstammung des Hundes gesagt haben, so untermauern sie die Gewissheit, dass der Hund von Wölfen abstammen muss, wobei wir genau genommen nicht mehr vom »Urvater Wolf«, sondern von der »Urmutter Wölfin« reden müssen, denn die untersuchten Mitochondrien konnten, weil sie sich außerhalb des Zellkerns befinden, nur von der Mutter auf die Nachkommen übertragen werden. Es ist aber kaum anzunehmen, dass in jenen fernen Zeiten eine Wölfin »fremd gegangen« ist und sich einen Partner außerhalb der wölfischen Gemeinschaft gesucht hat. Sie paarte sich mit Sicherheit mit einem artgleichen Wolf.

Die errechnete Zeit von 135.000 Jahren seit der Trennung von Wolf und Hund wirft alle bisherigen Annahmen des Domestikationsbeginns über den Haufen, sofern sie überhaupt richtig ist. Doch da bleiben Fragen offen.

Unter dem Begriff »Domestikation« verstehen wir eine durch den Menschen beeinflusste Änderung einer Wildform. Diese Beeinflussung kann willentlich wie auch unwillentlich zustande kommen. Zahmheit ist nicht unbedingt Voraussetzung zur Domestikation. Das gezähmte Wildtier ist kein Haustier, andererseits sind verwilderte Haustiere immer noch Haustiere und keine Wildtiere.

Vor 135.000 Jahren lebte in weiten Teilen Europas, Mittelasiens und Nordafrikas der Neandertaler, eine Form des Menschen, die ab 35.000 Jahren vor unserer Zeitrechnung durch unseren direkten Vorfahren, den Homo sapiens, verdrängt wurde und schließlich ausstarb. Die Frage ist berechtigt, wie diese Frühmenschen, von denen wir nicht wissen, ob sie über eine echte Sprache verfügten, so weit Einfluss auf die Wölfe nehmen konnten, dass bei einem Teil der Wolfspopulationen ein Domestikationsprozess einsetzte. Als Gründe für die beginnende Domestikation wird allgemein eine »Lagergemeinschaft« zwischen Wolf und Mensch angenommen. Der Wolf soll von den Nahrungsresten der menschlichen Horden profitiert haben, und dem Menschen waren Wölfe willkommene Wächter, die allgegenwärtige Gefahren anzeigten.

Diese Theorie lässt etliche Fragen offen. Was hinterließ der Neandertaler, bei dem sicher Schmalhans Küchenmeister war, dem Wolf an Nahrungsresten? Aufgefundene Knochenreste von Beutetieren des Menschen zeigen Schabespuren, das heißt, der Mensch schabte die letzten Reste von Fleisch und Sehnen von den Knochen, er spaltete die großen Röhrenknochen, um an das Mark zu kommen, er öffnete die Schädel, um das Gehirn herauszukratzen. Er aß den Mageninhalt der Pflanzenfresser als Gemüseersatz und vermutlich auch alle verwertbaren Innereien seiner Beutetiere.

Den Wölfen blieb nichts übrig als allenfalls der menschliche Kot, den Hunde auch heute noch verzehren. Doch um der wenigen Kothäufchen wegen lohnte es sich einem Wolfsrudel wohl kaum, den nomadisierenden Menschenhorden zu folgen. Und was konnte der Mensch vom Wolf profitieren? Wölfe bellen nicht beim Nahen einer Gefahr; sie verziehen sich lautlos, eine Schutz- oder Wächterfunktion übten sie wohl kaum aus.

Tatsache ist jedenfalls, dass in den altsteinzeitlichen Lagerstätten der Jägernomaden im Wildkirchli (Säntis) und im Schnurrenloch (Simmental) keine Reste von Hunden oder Wölfen gefunden wurden, das heißt, diese Menschen wurden weder von Hunden noch von Wölfen begleitet. Die ältesten Knochenreste, die mit Sicherheit als Reste domestizierter Hunde identifiziert werden konnten, stammen aus der Palegawra-Höhle im Nordosten des Iraks und aus der Jaguar Cave in Idaho, USA (Abb. 4). Wir haben also zwei Funde domestizierter Hunde aus etwa der gleichen Zeit, deren Fundorte so weit auseinander liegen, wie dies überhaupt möglich ist. Das Alter dieser Reste wird auf rund 12.000 Jahre geschätzt.

Der älteste europäische Fund aus dem Senckenberg-Moor wird auf die Zeit von 8.000 bis 7.500 v. Chr. zurückdatiert. Ungefähr aus der gleichen Zeit stam-

*Abb. 4. Älteste Haushundfunde aus der Zeit zwischen 9.000 und 6.500 v. Chr. Aus Althaus und Nussbaumer »Vom Torfhund zum Rassehund«, 1983.*

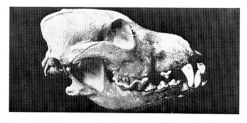

Schädel, Deutschland 7500 v. Chr.

Schädelfragmente, Dänemark 6800 v. Chr.

Unterkieferfragmente, USA 8400 v. Chr.

Unterkieferfragmente, Türkei 7000 v. Chr.

*Abb. 5. Schädel und Schädelfragmente aus der Zeit zwischen 8.400 und 6.800 v. Chr. Aus Althaus und Nussbaumer, 1983.*

men Funde aus Dänemark, die bereits eine größere und eine kleinere Form des Hundes unterscheiden lassen (Abb. 5). Wir wissen heute von Tieren, die in geschichtlicher Zeit domestiziert wurden, und dass ab der 30. Gefangenschaftsgeneration das Erbgefüge instabil wird und mehr und mehr Mutationen auftreten. Auch wenn wir in Betracht ziehen, dass der Einfluss des Menschen vor 135.000 Jahren weit geringer war als der, den der Mensch in geschichtlicher Zeit auf gezähmte Wildtiere ausüben konnte, so sollte man doch meinen, dass in einem Zeitraum von rund 120.000 Jahren deutliche Veränderungen hätten auftreten müssen, denn dieser Zeitraum umfasst immerhin 60.000 Hundegenerationen. Tatsache ist aber, dass die ältesten Funde, es handelt sich vorwiegend um Schädel- und Unterkieferfragmente, kaum merkbare Unterschiede zum Wolf aufweisen. Bei etlichen ist die Zuordnung ob Wolf oder Hund nicht mit Sicherheit möglich.

Es sollen zwar 400.000 Jahre alte Knochenreste von Wölfen und Frühmenschen (Hominiden) nahe beieinander gefunden worden sein, die vermuten lassen, dass schon damals Frühmenschen (es gab mehrere Formen) und Wölfe in näherer Beziehung zueinander standen. Doch wie konnte diese Beziehung geartet sein? Diese Frühmenschen verfügten, soweit wir dies heute beurteilen können, über keine Jagdgeräte mit denen sie größere Beutetiere erlegen konnten. Sie waren wohl weit mehr Sammler als Jäger. Hingegen gehörten diese kleinwüchsigen Hominiden ohne Zweifel in den Beutekreis der Wölfe. So ist es durchaus möglich, dass diese frühmenschlichen Überreste von Individuen stammen, die Wölfen zum Opfer gefallen waren.

Die amerikanischen Forscher räumen allerdings ein, dass sich die ersten domestizierten Hunde während Jahrtausenden, das heißt bis zum Zeitpunkt, da der Mensch vor rund 15.000 Jahren selektiv eingriff, kaum von den Wölfen unterschieden und keine Domestikationsmerkmale aufwiesen. Von einer echten Domestikation vor 135.000 Jahren zu reden, scheint deshalb kaum gerechtfertigt. Man könnte wohl lediglich sagen, dass sich damals eine Wolfsgruppe von einer Stamm-Wolf-Population trennte, aus der dann Jahrtausende später an verschiedenen Orten in einem echten Domestikationsprozess der Haushund entstand.

## WARUM WURDE GERADE DER HUND ZUM ERSTEN HAUSTIER DES MENSCHEN?

Bei der Domestikation des Hundes konnten wirtschaftliche Überlegungen des Menschen kaum eine Rolle gespielt haben. Der Mensch der Steinzeit konnte nicht voraussehen, wozu ihm dieser an der Grenze zwischen Wildtier und Haustier stehende Wildhund nutzen würde. Die Nutzung des Hundes als Wächter, als Helfer bei der Jagd oder als Beschützer von Hab und Gut des Menschen, alles das kam viel später, vermutlich erst als der Mensch im Neolithikum sesshaft wurde, Häuser baute und Vieh besaß. Doch bis dahin war noch ein weiter Weg.

Zu Beginn der Domestikation hatte der Mensch zwei biologische Konkurrenten, die sich weitgehend auf der gleichen Basis ernährten wie der nomadisierende Jäger und Sammler. Das waren der Bär und der Wolf. Alle drei waren die Endglieder der gleichen Nahrungskette. Der Mensch musste sich mit ihnen auseinander setzen. Ein Mittel dazu waren Beschwörungen.

So ist die Annahme nicht abwegig, dass sich der Mensch aus kultisch-magischen Vorstellungen mit seinen Nahrungskonkurrenten auseinander setzte. Der Wolf war - und ist es bis heute geblieben - der Inbegriff des Bösen, darauf weisen alte Märchen hin (Rotkäppchen, Der Wolf und die sieben Geißlein und andere); andererseits war er in der nordischen Mythologie der Herr der Wildnis, nicht zufällig hat Hitler seinen Befehlsstand in Ostpreußen »Wolfsschanze« genannt. Der Wolf konnte aber auch der Freund des Menschen sein, wie die vielen Sagen von »Wolfskindern« (Romulus und Remus, Mogli und andere) uns berichten.

Hediger ist der Meinung, dass neben dem Wolf auch der Bär in der mittleren Steinzeit (Mesolithikum) zu Kultzwecken vom Menschen gezähmt worden ist. Der »Bärenaltar« in der Wildkirchlihöhle im Säntisgebiet weist jedenfalls auf einen Bärenkult hin.

Bentjes (Die Haustierwerdung im Orient, 1965) erwähnt derart beigesetzte Bärenschädel, bei denen zu Lebzeiten der Tiere die Eckzähne abgeschliffen wurden, was sich sicher nur bei Jungtieren machen ließ. Weil die Schliffstellen wieder mit Zahnschmelz überzogen waren, muss man annehmen, dass der so »unschädlich« gemachte Höhlenbär noch mehrere Jahre in der menschlichen Horde weitergelebt hat und vermutlich später in Notzeiten verspeist worden ist. Schädel und die großen Röhrenknochen wurden dann in einer rituellen Zeremonie regelrecht in einer »Steinkiste« beigesetzt, um so den »Bruder Bär« zu besänftigen. Die Ansprechbarkeit des Menschen auf den Bären ist ja auch heute noch enorm groß, davon lebt die ganze Teddybären-Industrie.

Warum aber der Wolf zum Haustier und ständigen Begleiter des Menschen geworden ist, und der Bär nur in Plüschausgaben in der Wohnung geduldet wird, das hat seine Gründe nicht nur auf der Seite des Menschen, sondern ebenso sehr auch auf der Seite des Wolfs. Schon dass Wölfe »stubenrein« sind, war eine der wichtigsten Voraussetzungen dafür. Ohne diese Eigenschaft wäre der Hund als Zimmergenosse des Menschen undenkbar. Zur »Stubenreinheit« erzieht man nur Tiere, die angeborenermaßen ihr Lager sauber halten und zum Zwecke der Entleerung von Blase und Darm bestimmte Örtlichkeiten aufsuchen. (Zum Leidwesen vieler Tierfreunde tun das zum Beispiel Papageien und Affen nicht!)

Dazu kommt das große Geselligkeitsbedürfnis. Wölfe und Hunde - sofern letztere dazu überhaupt Gelegenheit haben - leben wie der steinzeitliche Jägernomade in größeren oder kleineren Familienverbänden. Sowohl der Mensch wie der Hund verlangen nach Gesellschaft, allein fühlen sie sich auf die Dauer nicht wohl. Die Untersuchungen der Verhaltensforscher haben uns gezeigt, dass es bei isoliert aufgezogenen Hunden zu schweren psychischen Störungen kommt. Der Hund muss in engem Kontakt mit seinesgleichen und mit dem Menschen aufwachsen, wenn er sich zu dem entwickeln soll, was wir von einem guten Hund erwarten.

Jede Gesellschaft muss aber irgendwie geordnet sein, nicht jeder kann tun und lassen, was er will. Die klassenlose Gesellschaft existiert nur in der Theorie, in der Praxis hat sie noch nie funktioniert. So herrscht auch in der Wolfsmeute eine sehr straffe Rangordnung, die Gegenstand vieler wissenschaftlicher Untersuchungen geworden ist. Die Hochgestellten (Alpha-Tiere) überwachen sehr genau das Leben und Treiben der Untergebenen, und diese dürfen sich nur so benehmen, wie es ihrer Stellung innerhalb der Meute zukommt. Verstöße gegen die Rangordnung werden augenblicklich bestraft. Kern der Meute bilden in der Regel eine Wölfin und ein Rüde, und nur diese beiden schreiten zur Fortpflanzung, auch wenn daneben noch durchaus fortpflanzungsfähige Tiere in der Meute sind. Auf diese Weise wird jede Überbevölkerung mit Sicherheit verhindert. Außer dem Menschen hat der Wolf ja keine Feinde (abgesehen natürlich von Seuchen und Parasiten). Trotzdem kommt es auch da, wo der Wolf nicht bejagt wird, nie zu einer untragbaren Zunahme der Wolfspopulation. Das Gleichgewicht zwischen dem Wolf und seinem Beutetier bleibt erhalten. Dem Menschen fehlt leider diese rigorose Art der Familienplanung!

In beiden, der Menschengruppe und der Wolfsmeute, herrschte also eine ähnliche soziale Struktur. Sie ermöglichte dem Wolf, sich in die menschliche Gesellschaft einzuordnen und den Menschen als ranghöheren Partner anzuerkennen (Abb. 6). Stand das junge Wölflein anfänglich im Mutter-Kind-Verhältnis zu seinen menschlichen Pflegern, so fühlte sich später der erwachsense Wolf als Glied der menschlichen Horde.

Eine weitere Eigenschaft des Wolfes spielte dabei eine wichtige Rolle. Der Wolf und der Hund vermögen durch ein sehr differenziertes Mienen- und Gebärdenspiel ihre Gefühle, Stimmungen und Absichten der Umwelt mitzuteilen. D. Feddersen-Petersen hat in ihrem Buch »Hundepsychologie« diese Hunde- bzw. Wolfssprache sehr genau und anschaulich beschrieben. Andererseits ist der Hund befähigt, Mienenspiel und Gebärden seiner Artgenossen und die des Menschen richtig einzuschätzen. Der gute Hund beobachtet seinen Herrn

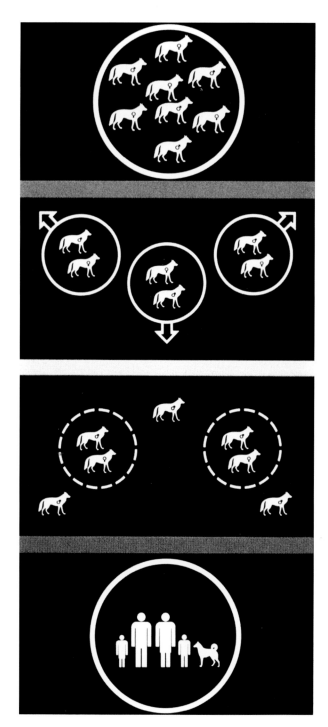

*Abb. 6. Ähnlich wie der Wolf in sein Rudel, integriert sich der Haushund in das menschliche »Rudel«. Aus Althaus und Nussbaumer.*

stets genau und reagiert selbst auf kleinste Gesten, oft auch auf solche, die uns gar nicht bewusst sind. Das erleichtert den Umgang mit Hunden und Wölfen ganz wesentlich.

Dem Bär fehlt diese ausgeprägte Mimik. Sein Gesicht ist maskenhaft, wir können daraus keine Stimmungen und Absichten herauslesen. Dieser Umstand macht eine Domestikation des Bären unmöglich.

Es ist jedoch sicher falsch anzunehmen, der Hund sähe im Menschen einen Artgenossen. Entgegen dieser oft geäußerten Meinung muss doch jeder Hundehalter wissen, dass ein Hund sehr wohl zwischen Menschen und Hunden unterscheidet. Ob er gar, wie dies Hediger annimmt, ein Selbstgefühl und Selbstbewusstsein hat, weil er zwischen sich und fremden Hunden unterscheidet, können wir nicht wissen. Es gibt jedenfalls immer wieder Hunde, die, zum Leidwesen ihrer Besitzer, die Gesellschaft anderer Hunde der menschlichen Gesellschaft mindestens zeitweise vorziehen und jede Bindung an ihnen vertraute Personen vergessen, wenn sie ein Artgenosse zum Spielen und Herumstreunen auffordert. Alles Rufen nutzt da oft nichts. Immerhin ist es aber doch so, dass auch solche Hunde meist, wenn auch oft nach recht ausgiebigem Spielen und Herumstreunen, wieder »nach Hause« zurückkehren, spätestens jedenfalls dann, wenn sie Hunger verspüren.

Der Hund ist vom Menschen abhängig geworden. Auch da, wo er als »Straßenhund« oder als »Paria« ein anscheinend vom Menschen unabhängiges Leben führt, lebt er doch weitgehend von den Abfällen der menschlichen Gesellschaft. Er hat sich weit vom Wolf entfernt. Es ist deshalb barer Unsinn, wenn man heute die Bedürfnisse des Hundes an den Bedürfnissen des Wolfes misst. Der Hund ist kein zahmer Wolf, er ist eine, in vielen Varietäten aufgesplitterte Unterart des Wolfes und lebt in einer völlig anderen »ökologischen Nische« als sein Urahn.

Im Mesolithikum konnte der Mensch dank besserer Jagdgeräte und dank seiner, im Vergleich zu den Hominiden, enorm entwickelten Intelligenz (Hirnvolumen eines »Javamenschen« 850 cm$^3$, eines »Pekingmenschen« 1.095 cm$^3$, eines Homo sapiens 1.450 cm$^3$) größere Beutetiere erlegen. Die steinzeitlichen Jäger, die vor mehr als 6.000 Jahren zeitweilig im »Kesslerloch« bei Thaynen (Kt. Schaffhausen) hausten, lebten vor allem von der Jagd auf Rentiere. Anderswo waren kleine Wildpferde bevorzugte Beutetiere, und bei großem Wildreichtum konnte es sich der Mensch leisten, Abfälle den Wölfen zu überlassen.

Schaden konnten sie ihm ja nicht zufügen, weil er noch keine Haustiere besaß. Zudem bestand wohl in jener frühen Zeit seitens des Menschen eine gewisse Toleranz gegenüber anderen Lebewesen. Der naturverbundene Jäger und Sammler sah im Tier ein denkendes Wesen und billigte ihm die gleichen Charakterzüge zu wie dem Menschen. Er sah in ihm eine gleichberechtigte Lebensform, mit der er sich in religiösen Riten auseinander zu setzen hatte. So mag es vorgekommen sein, dass eine Menschenfrau ein verwaistes Wolfskind mit den eigenen Kindern großzog, wobei sicher auch das von Konrad Lorenz beschriebene »Kindchenschema«, dem junge Caninden in hohem Maße entsprechen, eine Rolle gespielt haben mag (Abb. 7).

Aus der losen Verbindung als Abfallvertilger und gelegentlich gezähmter Begleiter auf Jagdzügen, erwuchs allmählich eine lose Lager- und Jagdgemein-

*Abb. 7. Aztekenfrau säugt einen jungen Hund. Fund aus Tlatilco (Mexiko), ca. 3.700 v. Chr., Museum Mexiko.*

schaft zwischen Wolf und Mensch. Eines Tages muss eine Wölfin ihre Welpen im Lager der Menschen geboren haben, und damit war der entscheidende Schritt in das Leben als Haustier des Menschen getan. Es waren die Frauen, die den Wolf gezähmt und schließlich zum Hund gemacht haben, sagt der Wolfforscher E. Zimen. Bei der Vorliebe der Wölfe und der Hunde für menschlichen Kot, ließen die Frauen ihre Säuglinge durch die gezähmten Wölfe, später durch die Hunde, reinigen. Diese Theorie ist keineswegs abwegig, noch heute ist diese Form der Säuglingspflege bei naturverbundenen Völkern üblich.

## ERSTE DOMESTIKATIONSBEDINGTE VERÄNDERUNGEN

Über die allerersten sichtbaren Veränderungen, die als Domestikationsmerkmale auftraten, wissen wir wenig. Bei der an sich schon recht großen Variabilität der Fellfarbe beim Wolf, können wir annehmen, dass die ersten domestikationsbedingten Merkmale von der Wolfsfarbe abweichende Farbmuster waren. Solche Abweichungen, wie zum Beispiel Änderungen der Rutenhaltung - prähistorische Felsmalereien im Tassili-Gebirge in Algerien zeigen Hunde mit einer ausgeprägten Ringelrute - und Änderungen in der Ohrenhaltung sind anhand der prähistorischen Funde nicht nachweisbar. Für ein - auch bei der Paarbildung - vorwiegend olfaktorisch orientiertes Tier spielten Farbveränderungen für die Partnerwahl und Weiterzucht keine Rolle, so dass sich derartige Mutationen ungehindert vermehren konnten.

Konservativer als Fellfarben und Fellstrukturen verhält sich das Skelett. Aus dieser Frühzeit sind keine vollständigen Skelette von Hunden erhalten geblieben. Was bisher gefunden wurde, sind Schädel- und Unterkieferfragmente, kleine Bruchstücke der großen Röhrenknochen und vereinzelte Zähne.

Typische Domestikationsmerkmale sind ein gegenüber dem Hirnschädel verkürzter Schnauzenteil und eine dadurch bedingte, so genannte »Kulissenstellung« der Backenzähne (Abb. 8), ein kleinerer Reißzahn, ein leicht gebogener Unterkiefer und ein etwas anders geformter Kronfortsatz des Unterkiefers als Ansatz der Kaumuskulatur. Alle diese Abweichungen von der Norm kommen aber auch bei Wölfen vor, so dass eine genaue Bestimmung dieser Funde auch für den geübten Morphologen nicht immer möglich ist. Deshalb bleibt die Frage nach Zeit und Ort des Beginns und des Werdegangs der Domestikation nach wie vor offen. Möglich ist ein Zentrum in Nordeuropa oder im Nahen Osten, möglich sind auch mehrere Domestikationszentren, unter anderem in Nordamerika (Abb. 9 und 10).

Wenn es schon recht schwierig ist, erste domestikationsbedingte morphologische Veränderungen nachzuweisen, so wissen wir über die ersten psychischen

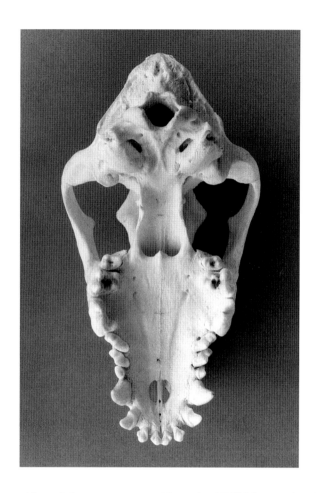

*Abb. 8.*
*Ein sicheres Merkmal, dass es sich bei einem Schädel um denjenigen eines Haushundes und nicht eines Wildcaniden handelt, ist die »Kulissenstellung« der Backenzähne (Prämolaren und Molaren). Sie ist eine Folge der Verkürzung des Gesichtsschädels. Schädel des Bullterriers Gravis v. Wuhracker, gest. 1976. Albert Heim Stiftung, Foto: M. Nussbaumer.*

Abweichungen gegenüber der Wildform überhaupt nichts. Denkbar ist, dass der mesolithische Jägernomade nur diejenigen gezähmten Wölfe zur Weiterzucht zuließ, die sich am besten in die menschliche Horde eingefügt hatten. Denkbar ist auch, dass der Mensch aus rein ökologischen Gründen den kleinsten Tieren den Vorzug gab. Jedenfalls sind alle bisher aufgefundenen prähistorischen Hunde kleiner als ihre wilden Ahnen.

Nach K. Lorenz entstehen beim Haustier keine neuen Verhaltensweisen, dagegen werden ursprüngliche Verhaltensweisen, insbesondere solche, die der innerartlichen Verständigung dienen, »abgeflacht« und »vergröbert«. Ursprünglich zusammengehörende Instinkthandlungen, zum Beispiel solche beim Beuteerwerb, können auseinander fallen.

Die Aktivitäten des Haustieres werden weit weniger von der Umwelt bestimmt als diejenigen des Wildtieres. Nahrungssuche und Feindvermeidung, um nur zwei wichtige Aktivitäten zu nennen, entfallen weitgehend. Die »Merk-

Wie hat sich der Haushund verbreitet?

Domestikationszentrum in Nordeuropa?

Domestikationszentrum im nahen Osten?

Mehrere Domestikationszentren?

*Abb. 9. Mögliche Domestikationszentren. Wo der Wolf erstmals domestiziert wurde, und wie sich der Hund über die ganze Erde verbreitete, ist immer noch unklar und kann vermutlich nie beantwortet werden.*
*Aus Althaus und Nussbaumer, 1983.*

welt« des Haustieres verarmt, was zu einer geringeren Fortbewegungsintensität führt.

Ich habe bereits darauf hingewiesen, dass das Hirngewicht des Haushundes im Durchschnitt 30 % unter dem Hirngewicht eines gleich großen Wolfes liegt. Diese Reduktion betrifft vor allem das Vorderhirn, in dem die von Auge, Ohr und Nase gelieferten Signale ins Bewusstsein umgesetzt werden. Reduziert sind auch die Zentren für Bewegungskoordination und Bewegungsintensität. Es kann durchaus sein, dass der Mensch nicht nur aus ökonomischen Überlegungen dem kleinen Tier den Vorzug gab, sondern weil solche Hunde, wie D. Feddersen-Petersen sagt, leichter zu beherrschen waren und sich dem Menschen auch leichter unterordneten.

Es wäre jedoch völlig verfehlt anzunehmen, der Hund sei wegen seines geringeren Hirnvolumens »dümmer« als ein Wolf. Er lebt in einer anderen »ökologischen Nische« als der Wolf und kann deshalb auf Aktivitäten, die für den Wolf

*Abb. 10. Haushundfunde aus der Zeit zwischen 5.000 und 2.000 v. Chr. Neben Knochenfunden gibt es aus dieser Zeit auch bildliche Darstellungen. Aus Althaus und Nussbaumer, 1983.*

lebenswichtig sind, verzichten. In welchem Zeitraum diese Verminderung des Hirnvolumens und die damit einhergehenden Verhaltensänderungen stattgefunden haben, wissen wir nicht und werden es auch nie mit Sicherheit feststellen.

Ein wesentlicher Unterschied im Verhalten von Hund und Wolf ist die Bellfreudigkeit des Hundes. Wölfe bellen selten, Hunde dagegen aus unterschiedlichen Gründen und häufiger als manchem Hundebesitzer lieb ist. Die differenzierten Lautäußerungen des Wolfes ersetzt der Hund durch bellen. (Interessant ist, dass Hunde beim Abspielen eines Tonbandes mit Wolfsgeheul sofort laut mitheulen.)

Die Tatsache, dass primitive Hunderassen wie der Basenji, die »Singenden Hunde von Neu-Guinea«, der Dingo, aber auch viele Hunde vom Typ der nordischen Laiki wenig oder überhaupt nicht bellen, könnte ein Hinweis darauf sein, dass die Hypertrophie einer einzigen Sequenz aus dem stimmlichen Repertoire des Wolfes relativ spät im Laufe der Domestikation entwickelt wurde. Hier muss freilich angefügt werden, dass auch die so genannten nicht bellenden Rassen zu bellen beginnen, wenn sie mit bellfreudigen Hunden zusammen leben.

# Kapitel 2

# DER TORFHUND

**KNOCHENFUNDE IN NEOLITHISCHEN SIEDLUNGEN**
In der Zeit zwischen 6.000 und 3.000 v. Chr. wurde das Klima auf der nördlichen Hemisphäre milder, die Gletscher zogen sich zurück, an Stelle der Tundra traten dichte Wälder. Die nomadisierenden Jäger- und Sammlersippen wurden sesshaft. Sie bauten an den baumlosen, seichten Ufern der Flachlandseen und in den unbewaldeten Mooren feste Holzhäuser auf Pfählen. Es scheint, dass die Seen und Moorgebiete des schweizerischen Mittellandes im Vergleich zum übrigen Europa eine recht dichte Besiedlung aufwiesen.

Die Menschen lebten jetzt immer noch teilweise von der Jagd und vom Fischfang, aber sie betrieben auch Ackerbau, kannten primitive Getreidesorten sowie Erbsen und Bohnen. Sie züchteten Rinder, Schafe, Ziegen und Schweine und hielten offensichtlich recht zahlreiche Hunde. Dass die Jagd an Bedeutung für die Ernährung verloren hatte, geht zum Beispiel durch Knochenfunde aus einer neolithischen Pfahlbausiedlung bei Twann am Bielersee hervor. Hier wurden doppelt so viele Überreste von Hausschweinen gegenüber Wildschweinen gefunden, und der wichtigste Fleischlieferant war offensichtlich das Rind.

Anlässlich der ersten Juragewässerkorrektion in den Jahren 1868-1889 und später beim Bau der Autobahn entlang des Bielersees kamen zahlreiche, zum Teil vollständig erhaltene Hundeschädel zum Vorschein (Abb. 11). Damit wird unser Wissen um die Geschichte des Haushundes konkreter. (Die Bezeichnung »Juragewässerkorrektion« verleitet, wie ich aus einer neuesten Publikation entnehmen kann, zu der irrigen Auffassung, es handle sich dabei um Bergseen im Jura. Als Juragewässer werden jedoch die Flachlandseen, Bieler-, Neuenburger- und Murtensee am Südfuß des Juras, bezeichnet.)

Schon vor den Ausgrabungen am Bieler- und Neuenburgersee wurden 1854 und 1858 Reste von Hunden im neolithischen Pfahlbaudorf Obermeilen am Zürichsee und 1857 in der Pfahlbaustation am Mooseedorfsee in der Nähe von Bern entdeckt. Diese Funde wurden von dem berühmten Zoologen und Paläontologen Karl Ludwig Rütimeyer (1825-1895) untersucht und beschrieben. Weil sie in Torfschichten lagen und deshalb auch schwarzbraun waren, bezeichnete Rütimeyer diese Hunde als Torfhunde (Canis familiaris palustris). Es handelte sich nach seiner Beschreibung »um eine einzige und bis auf die kleinsten Details konstante Race von Haushund«. Seine Publikationen über die Tierreste aus den

*Abb. 11. Funde von Torfhunden in der Schweiz aus der Zeit zwischen 3.000-2.000 v. Chr. Aus Althaus und Nussbaumer, 1983.*

schweizer Pfahlbauten 1860 und 1862, in denen er neben dem Torfhund auch Torfrind, Torfschaf, Torfziege und Torfschwein beschreibt, gaben den Anstoß zu einer intensiven Haustierforschung. »Ein Feld von unerwarteter Ergiebigkeit ist für diese Studien in den Abfällen früherer Kulturstätten aufgedeckt worden«, schreibt Rütimeyer.

Die von Rütimeyer beschriebenen Haustiere Rind, Schaf, Ziege und Schwein waren kleinwüchsig und entsprachen den ebenfalls kleinwüchsigen Menschen (Abb. 12). Die erwachsene Frau, deren vollständiges Skelett bei den Pfahlbauten im Wauwilermoos gefunden wurde, war nur 130 cm groß. Dies Funde waren recht einheitlich, und Rütimeyer war überzeugt, dass es sich um Formen gehandelt haben muss, die den wilden Ahnen noch recht ähnlich waren.

Die unterschiedlichen Basilarlängen (Schädellängen) von 130 - 150 mm der aufgefundenen Torfhundschädel waren erheblich kleiner als Wolfsschädel. Deshalb war Rütimeyer - wie schon früher Linné - der Ansicht, es müsse sich beim Torfhund um eine eigenständige, in der freien Wildbahn ausgestorbene Canidenart handeln.

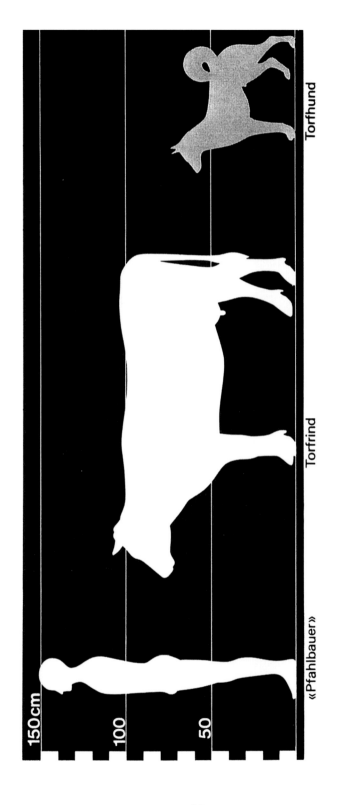

Abb. 12. *Größenverhältnisse von Mensch, Rind und Hund.
Dem kleinwüchsigen neolithischen Menschen entsprachen seine kleinwüchsigen Haustiere.
Aus Althaus und Nussbaumer, 1983.*

Wie zahlreich Hunde in einer Pfahlbaustation gehalten wurden, ist schwer abzuschätzen. Einen Hinweis mögen folgende Vergleichszahlen geben: In der Station Twann wurden Überreste von 15 Rindern, 14 Schweinen und 5 Hunden gefunden. Für die Stationen Burgäschi-Süd lauten die entsprechenden Zahlen 2, 5, 3 und für die Moorsiedlung im Wauwilermoos 21, 22, 4. Dabei ist zu beachten, dass der Hund ja sicher nicht nur zu Schlachtzwecken gehalten wurde.

Begründer der eigentlichen Forschung über die Abstammung des Hundes ist jedoch nicht Rütimeyer, sondern der Berner Zoologe und Ordinarius für vergleichende Anatomie und Direktor der zoologischen Sammlung des Naturhistorischen Museums Bern, Theophil Studer (1845-1922). Seine Sammlung von neolithischen Hundeschädeln aus den verschiedenen Pfahlbaustationen bildet den Grundstock der heutigen, umfangreichen Schädelsammlung der Albert Heim Stiftung im Naturhistorischen Museum in Bern.

Während 36 Jahren befasste sich Studer intensiv mit der Forschung nach den möglichen Stammformen des Haushundes und versuchte, von den prähistorischen Funden direkte Abstammungslinien zu den heutigen Hunderassen zu ziehen. Nicht gerade glücklich war seine Umbenennung des Torfhundes in »Pfahlbauspitz«. Diese Bezeichnung gab zu falschen Vorstellungen Anlass, und auch heute noch betrachten viele Autoren den heutigen Deutschen Spitz, namentlich den Wolfspitz, als die praktisch unveränderte Form des »Pfahlbauer-Spitzes«. Vom europäischen Torfhund existieren keine Abbildungen, wir wissen deshalb, abgesehen von der Größe, nicht, wie er ausgesehen hat (Abb. 13).

Er wa ein eher kleiner bis mittelgroßer Hund, etwa von der Größe eines Deutschen Pinschers oder Foxterriers. Hatte er noch Stehohren oder bereits Kipp- oder gar Schlappohren? Besaß er eine Ringel-, Säbel- oder eine herabfallende Rute? Wie war sein Fell? Wie die Fellfarben?

Die Schädelform allein sagt über die Erscheinungsform des Tieres nicht viel aus. Die Schädel mittelgroßer moderner Hunderassen, zum Beispiel Deutscher Pinscher, verschiedener Terrier, mittelgroßer Pudel und verschiedener Laufhunderassen sind sich zum Verwechseln ähnlich. Aber niemand, auch der blutigste Laie nicht, würde einen Pudel mit einem Berner Laufhund verwechseln.

Der Torfhund war während der Jungsteinzeit (Neolithikum) und der anschließenden Bronzezeit über ganz Europa verbreitet und offensichtlich zu einem beliebten Haustier geworden. Es stellt sich somit die Frage, welchen Nutzen der Hund dem Menschen brachte. Ich habe bereits darauf hingewiesen, dass der Hund aus kultischen Vorstellungen heraus zum Haustier geworden sein könnte.

Bei den Ausgrabungen einer eisenzeitlichen Siedlung aus der Zeit um 800 v. Chr. in Wierde bei Bremen wurden Hundeskelette unter den Türschwellen der

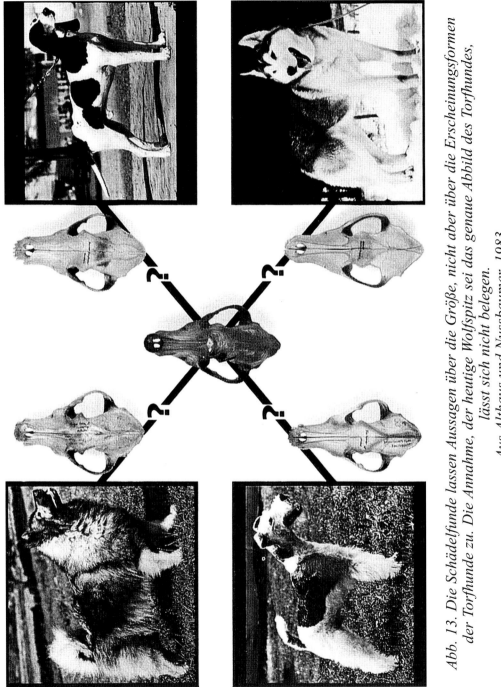

Abb. 13. Die Schädelfunde lassen Aussagen über die Größe, nicht aber über die Erscheinungsformen der Torfhunde zu. Die Annahme, der heutige Wolfspitz sei das genaue Abbild des Torfhundes, lässt sich nicht belegen.
Aus Althaus und Nussbaumer, 1983.

Häuser gefunden (H. Kaiser, »Ein Hundeleben«, 1994). Der hier begrabene Hund sollte offensichtlich die bösen Geister vom Betreten des Hauses abhalten. Solch magische Vorstellungen reichen weit in die geschichtliche Zeit hinein. Daraus darf geschlossen werden, dass der Hund schon sehr früh als Haus- und Hofwächter diente.

Ebenfalls aus der gleichen Zeit fand man bei den Ausgrabungen von Wierde Hundeskelette mit Verwachsungen an Knochen, von denen man annimmt, sie seien als Folge von Verletzungen durch Hufschläge oder Hornstöße des Viehs entstanden, woraus man schließen müsste, dass der Hund schon damals als Viehtreiber eingesetzt worden ist.

Sicher war der Hund ein Abfallvertilger, der unverwertbare Schlachtabfälle von Haus- und Wildtieren, aber auch den menschlichen Kot beseitigte und so für eine primitive Hygiene sorgte. Ohne Zweifel war der Hund aber auch eine lebendige Fleischreserve, wie die vielen aufgebrochenen Hundeschädel beweisen, aus denen das Gehirn herausgekratzt worden ist. Rund 5.000 Jahre alte Felsmalereien im Tassiligebirge in Algerien zeigen einen Jäger mit Pfeilbogen und einen ringelschwänzigen Hund, der offensichtlich eine Spur verfolgt. Der Hund ist hier Jagdgehilfe (Abb. 14).

*Abb. 14. Jäger und ringelschwänziger Hund, der offensichtlich eine Spur verfolgt. Neolithische Felsmalerei im Tassiligebirge in Algerien. Aus Méry, »Le Chien et son Mystère«, 1968.*

*Abb. 15. Auf den neolithischen Felszeichnungen der Insel Bohuslän (Schweden) werden Wildtiere (Hirsche), Hunde und Schlitten dargestellt. Ob Hunde vor die Schlitten gespannt wurden, geht aus diesen Zeichnungen allerdings nicht hervor. Aus v. Rosen, Schweizer Hundesport 12/1955.*

In Felsen geritzte Zeichnungen auf Bohuslän (Schweden) zeigen Hirsche, Hunde und Schlitten. Zwar ist auf keiner Zeichnung ein Hund vor einen Schlitten gespannt, aber dass der neolithische Zeichner Hunde und Schlitten auf der gleichen Zeichnung vereint, könnte doch ein Hinweis darauf sein, dass Hunde zum Ziehen der Schlitten gebraucht wurden (Abb. 15).

In einem neolithischen Grab in Israel lagen ein männliches Skelett und das Skelett eines jungen Hundes. Der Tote hielt einen Arm über den Hund, offensichtlich bestand hier eine emotionale Bindung zwischen Mensch und Hund. Und es ist eigentlich fast selbstverständlich, dass die Kinder der Pfahlbauer mit den jungen Hunden spielten, so dass wir annehmen dürfen, der Hund sei schon damals mehr als nur ein Nutztier gewesen (Abb. 16).

*Abb. 16. Prähistorisches Grab aus der Natufischen Periode (Neolithikum) in Mesopotamien. Das Skelett eines erwachsenen Menschen hält seine linke Hand über das Skelett eines jungen Hundes. Es darf wohl angenommen werden, dass zwischen dem Verstorbenen und seinem Hund eine enge soziale Beziehung bestanden haben muss. Foto: R. Trainin, Tel Aviv.*

## BILDLICHE DARSTELLUNGEN

Unter den in Höhlen und unter Felsvorsprüngen hausenden neolithischen Jägern und Sammlern in Nordafrika, Spanien und der Dordogne (Frankreich) gab es begnadete Künstler. Sie malten ihre bevorzugten Jagdtiere, aber auch ganze Jagdszenen auf Felswände. Die Bilder sind unterschiedlich groß, sie reichen von einigen Zentimetern bis zu einer Breite von vier Metern. Als Material dienten ihnen Mineral- und Erdfarben, die sie mit Fett oder Eiweiß vermischten. Die Farben wurden mit groben Pinseln oder auch mit den Fingern auf den Fels aufgetragen.

Die zum Teil bis zu 15.000 Jahre alten Bilder sind noch heute von erstaunlicher Frische und Ausdruckskraft, die Tiere, die ja aus dem Gedächtnis gemalt werden mussten, wirken sehr naturgetreu. Die Malereien entstanden wohl kaum einfach aus Freude am Malen, ihr Sinn lag in kultisch-magischen Vorstellungen der Menschen. Es sind nie Einzeldarstellungen, sondern immer Gruppen, vor allem Jagdszenen, die die Erlegung der Beute als Jagdzauber vorausnehmen (Abb. 17). Denkbar ist auch ein Fruchtbarkeitszauber. Hunde auf den schwedischen Felszeichnungen, auf die ich noch zu sprechen komme, weisen zum Teil überdimensionale Geschlechtsteile auf, und durch die Ausnutzung von Felsbuchtungen werden zum Beispiel in den Höhlen von Lascaux (Dordogne) trächtige Kühe dargestellt (Ur oder Wisent).

*Abb. 17. Jagdszene, neolithische Felsmalerei aus Nordspanien.*

*Abb. 18. Ringelschwänziger Hund mit »Schriftzeichen«. Welche Bedeutung dem übertrieben geringelten Schwanz zukommt, ist unklar. Dass es sich bei dieser Zeichnung um eine Mitteilung an die Betrachter handeln muss, geht aus den Zeichen unter dem Hund hervor.*
*Aus Méry, »Le Chien et son Mystère«, 1968.*

Die Malereien befinden sich vielfach nicht da, wo die Menschen wohnten, sondern in den hinteren, tieferen und dunkleren Teilen der Höhlen, oft auch da, wo unterirdische Flüsse verliefen. Es waren offensichtlich Kultstätten, und die Bilder sind als Mitteilungen an den Betrachter zu verstehen, zumal bei einigen noch Zeichen angebracht sind, die wohl als Vorläufer einer primitiven Bilderschrift gedeutet werden können. Es mögen auch Zauberformeln sein, insbesondere dann, wenn bei einem abgebildeten Tier bestimmte Körperteile unnatürlich übertrieben dargestellt werden, wie zum Beispiel bei dem ringelschwänzigen Hund auf einer Felswand im Tassiligebirge in Algerien (Abb. 18).

Auf den berühmten Felsmalereien von Altamira (Spanien) und Lascaux (Frankreich), die auf die Zeit von 15.000 v. Chr. datiert werden, fehlen Hundedarstellungen, dagegen sehen wir auf jüngeren Bildern (6.000 - 5.000 v. Chr.) ganze Jagdszenen mit ringelschwänzigen Hunden. Die Ringelrute scheint offensichtlich ein sehr altes Domestikationsmerkmal zu sein. Ob die auf den Jagdszenen dargestellten Größenverhältnisse stimmen, ist fraglich. Ein Hund von der Größe eines Thars ist eher unwahrscheinlich.

Bildliche Dokumente über den Torfhund der neolithischen Pfahlbauer Mitteleuropas fehlen, dagegen finden wir solche in Nordeuropa. Zu den ältesten gehören die Felszeichnungen aus Bohuslän in Schweden. Sie wurden mit Steinwerkzeugen, vielleicht auch mit Knochen und später mit Metall in Felsen geritzt.

Das harte Material ließ kaum eine naturgetreue Abbildung der Menschen und Tiere zu. Es sind stark stilisierte Strichfiguren, so dass in einzelnen Fällen nicht gesagt werden kann, ob es sich bei den hundeähnlichen Figuren tatsächlich um Hunde oder um Wildtiere handelt. Es sind mehr Zeichen als Zeichnungen, eine Art Hieroglyphen für den Begriff »Tier« (Abb. 19).

Andererseits finden wir aber auf den Bildern Tiere, die eindeutig als Hirsche, Elche oder Rinder (Hausrinder, Ur oder Wisente) erkannt werden können. Die »Hunde« haben alle gerade oder etwas hoch getragene »Säbelruten«, nur auf einem einzigen Bild von Järlov sehen wir einen Hund der andeutungsweise eine Ringelrute hat (Abb. 20). Die fehlende Ringelrute, ansonst ein »Markenzeichen« aller nordischen Hunderassen, kann aber auch materialbedingt sein. Es war sicher schwierig, mit einem Stein oder einem Knochensplitter eine Ringelrute in den Fels zu ritzen.

Auch bei den Felszeichnungen von Bohuslän handelt es sich offensichtlich um kultisch-religiöse Beschwörungen. Es wird sogar von Opferszenen gesprochen, weil auf einem der Bilder ein Hund einen Pfeil im Rücken hat (Abb. 21). Hunde wurden, so meinte v. Rosen, dem Gott der Jagd geopfert, denn etwas Besseres als einen guten Jagdhund konnte man ja der Gottheit nicht anbieten.

*Abb. 19. Die Tiere auf den schwedischen Felszeichnungen sind materialbedingt so stark stilisiert, dass nicht mit Sicherheit gesagt werden kann, ob es sich um Hunde oder um jagdbares Wild handelt, zumal eines der Tiere einen Pfeil im Rücken hat.*
*Aus v. Rosen, Schweizer Hundesport 12/1955.*

*Abb. 20. Felszeichnung von Järlow (Bohuslän). Der Hund oben links hat andeutungsweise eine Ringelrute. Auffällig ist der übertrieben große Penis des Hundes in der Mitte (Fruchtbarkeitszauber?).*
*Aus v. Rosen, Schweizer Hundesport 12/1955.*

Auf den Zeichnungen von Bohuslän sind häufig Hunde und Schlitten auf dem gleichen Bild, aber nirgends sind Hunde vor einen Schlitten gespannt, wohl aber stehen Hunde auf einem Schlitten. Der Schluss ist demnach nachliegend, dass Hunde das erlegte Wild (einen Hirsch oder einen Elch) auf Schlitten zum Wohnplatz der Jäger transportieren mussten.

*Abb. 21. Felszeichnungen von Massleberg (Bohuslän). v. Rosen deutet die Zeichnung als eine Opferszene. Der Hund links unter dem Schlitten hat einen Pfeil im Rücken, die Hinterläufe sind eingeknickt und er entleert seinen Darm. Aus v. Rosen, Schweizer Hundesport 12/1955.*

# Kapitel 3

# DIE BEZIEHUNG DER PRÄHISTORISCHEN HUNDE ZU HEUTIGEN HUNDERASSEN

Gegen Ende des Neolithikums und im Übergang zur Bronzezeit zeichnet sich in der Torfhundpopulation eine gewisse Differenzierung, vor allem in der Größe ab, die sich jedoch in engen Grenzen hielt, so dass man kaum von verschiedenen Rassen sprechen kann.

Es gab Hunde mit leicht verkürzter Schnauze und deutlichem Stirnabsatz, ähnlich dem Schädel eines heutigen Wolfspitzes, und es existierten Schädel, die denjenigen eines heutigen Deutschen Pinschers oder eines kleinen Appenzeller Sennenhundes zum Verwechseln ähnlich sind (Abb. 22-23).

Im Norden, am Ladogasee, wurde in einer neolithischen Station eine größere Form gefunden, die dann auch am Neuenburgersee entdeckt wurde. Eine direkte Verwandtschaft des Hundes vom Neuenburgersee und den Hunden vom Ladogasee kann man wohl wegen der erheblichen räumlichen Distanzen ausschließen, und die Größenunterschiede gegenüber den älteren Formen waren, verglichen mit den Größenunterschieden heutiger Rassen, recht gering.

Neben den verschiedenen Größen stellte Studer auch Unterschiede in der Ausbildung der Jochbogen, der Scheitelleisten und der Schnauzenbreite sowie andere, geringfügige Abweichungen von der ursprünglichen, von Rütimeyer beschriebenen Palustrisform fest. Diese kleinen Abweichungen veranlassten ihn, von mindestens drei Rassen des Torfhundes zu reden: »So hätten wir schon in der Steinzeit eine Anzahl Hunderassen differenziert, nämlich Wolfspitz, Spitz, Terrier, Laika und Deerhound«, sagte er und war zudem überzeugt, dass der von Jeitteles (1830-1883) in Olmütz ausgegrabene Schädel eines bronzezeitlichen Hundes (Canis familiaris matris optimae Jeitteles) und die in der Schweiz gefundenen Schädel von Torfhunden verschiedenen Ursprungs sein müssten. Er übersah, dass unterschiedliche Schädelmerkmale größenabhängig sind und nicht als Rassenmerkmale interpretiert werden dürfen. So besteht beispielsweise für die Ausbildung der Scheitelleiste kein eigenes Gen, sie wird durch die Kaumuskulatur induziert. Ein rundliches breites Schädeldach bietet der Kaumuskulatur genügend Ansatzfläche, die Crista sagittalis bleibt niedrig oder fehlt ganz, wäh-

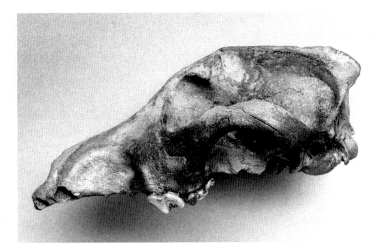

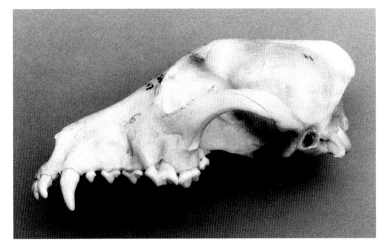

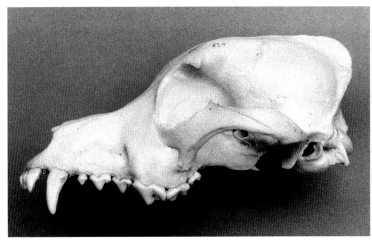

*Abb. 22.*
*OBEN: Schädel eines Torfhundes aus der neolithischen Pfahlbausiedlung Lattrigen am Bielersee, 3.000 - 2.000 v. Chr.*

*MITTE: Schädel des Deutschen Pinschers Jörg v. Jonatal aus dem Jahre 1947. Die Schädel des Torfhundes und des Pinschers stimmen in der Größe und in der Profillinie auffallend überein.*

*UNTEN: Schädel des Großspitzes Courage aus dem Jahre 1888. Der Spitz hat einen gegenüber dem Torfhund deutlich verkürzten Gesichtsteil und einen recht markanten Stop. Den heutigen Spitz dem Torfhund gleichzusetzen ist schon aus kraniologischen Gründen nicht gerechtfertigt. Alle Schädel aus der Albert Heim Stiftung im Naturhistorischen Museum in Bern. Fotos: M. Nussbaumer.*

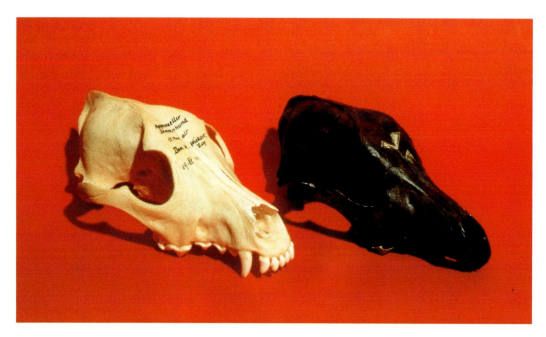

*Abb. 23. Schädel eines Appenzeller Sennenhundes und eines Torfhundes. Lägen beide Schädel in der gleichen Kulturschicht, so hätte selbst ein geübter Morphologe Mühe zu entscheiden, welcher Schädel zu welchem Hund gehört. Foto: M. Nussbaumer.*

rend sie jedoch bei einem längeren und flachen Schädel sehr ausgeprägt ist (Abb. 24).

Die Siedlungen am Bielersee, auf die sich Studer in seinen Arbeiten über die prähistorischen Hunde besonders stützt, blieben auch während der auf das Neolithikum folgenden Bronzezeit anscheinend ununterbrochen bewohnt. Die Metallfunde nehmen immer mehr zu, die Viehzucht tritt gegenüber dem Ackerbau deutlich in den Hintergrund. Die großen Rinderrassen verkümmern wieder mehr und mehr zu Zwergformen, und als neues Haustier tritt das Pferd auf. Dagegen mehren sich die Funde großer Hundeschädel, es kommen solche bis zu 200 mm Schädelbasislängen vor, so auch in bronzezeitlichen Pfahlbauten um Utoquai in Zürich (Abb. 25).

Gegen Ende des 19. Jahrhunderts setzte überall in Europa eine intensive Suche nach Überresten neolithischer und bronzezeitlicher Siedlungen ein. Die Ausgrabungen förderten eine große Zahl an Schädel- und Knochenresten von Hunden zu Tage. Dadurch verbreitete sich die Kenntnis über die verschiedenen Typen prähistorischer Hunde. Erwähnt habe ich bereits den von Anutschin am Ladogasee entdeckten größeren Hund, der als Canis familiaris inostranzewi

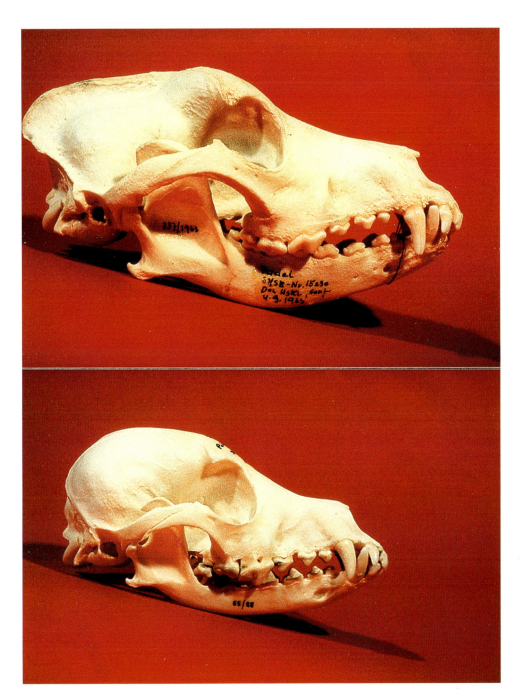

*Abb. 24. Schädel eines Großpudels und Schädel eines Zwergpudels. Die Ausbildung der Scheitelleiste (Crista sagittalis) ist größenabhängig und wird durch die Kaumuskulatur induziert.*
*Fotos: M. Nussbaumer.*

*Abb. 25. LINKS: Schädel eines bronzezeitlichen Hundes (2.500 - 1.900 v. Chr.).
RECHTS: Schädel eines Berner Sennenhundes aus dem Jahre 1930.
Foto: M. Nussbaumer.*

bezeichnet wurde. Neben dieser großen Form fand Anutschin aber auch noch die kleinere Palustrisform, die im Unterschied zu Rütimeyers Torfhunden, Canis familiaris palustris ladogensis genannt wurde. In Italien wurde der Schädel einer Zwergform des Torfhundes gefunden, die man nach dem Fundort Canis familiaris palustris spaletti nannte. Bei Olmütz entdeckte Jeitteles den ebenfalls bereits erwähnten Schädel eines bronzezeitlichen Hundes, den er zu Ehren seiner Mutter, »der besten Mutter«, Canis familiaris matris optimae nannte.

Aus der Pfahlbaustation Bodman am Überlingersee stammt ein Schädel, dem Studer den Namen Canis familiaris leineri gab. Ein ähnlicher Schädel wurde am Starnbergersee gefunden. Wie großzügig man mit den Rassebezeichnungen umging, zeigt das Beispiel von J. N. Woldrich, der auf Grund eines einzigen aufgefundenen Unterkiefers eine neue Form der prähistorischen Hunde, den Canis familiaris intermedius kreierte.

Die Schädellängen all dieser prähistorischen »Rassen« variieren, gemessen an der Variabilität heutiger Rassen, in recht engen Grenzen: 145 mm beim kleinen Ladogensis, 177 mm beim Inostranzewi, 165-190 mm beim Hund von

Jeitteles, 226 mm beim Leineri, 164 mm beim intermedius Woldrich.

Das sind Größenabweichungen, wie sie zum Beispiel beim heutigen Entlebucher Sennenhund üblich sind (Abb. 26). Die Unterschiede in der Ausformung der Jochbogen, des Stirnabsatzes und der Scheitelleisten sind geringer als wir sie bei den heutigen Berner Sennenhunden oder gar beim Bernhardiner finden. Die große Veränderlichkeit innerhalb einer Art, die seit den Publikationen Darwins allgemein bekannt war, wurde bei diesen »Rassen« nicht berücksichtigt und kleine morphologische Unterschiede stark überbewertet.

1901 publizierte Studer seine Arbeit »Die prähistorischen Hunde in ihrer Beziehung zu den gegenwärtig lebenden Rassen«, in der er die modernen Hunderassen in Bezug zu den bekannten prähistorischen Hunden setzte und einen Stammbaum der Hunderassen aufstellte.

So sah er in einer - nicht belegten - Kreuzung zwischen dem mesolithischen Hund der »Muschelesser« Canis familiaris poutiatini und dem großen Wildhund Canis ferus die Ahnform der Doggen, Hirtenhunde, Deerhounds und Wolfhounds, in einer Kreuzung der Zwergform Canis mikii mit dem Canis familiaris palustris Rütimeyer die Stammform der Spitze, Terrier, Pinscher und Schnauzer. Den mittelgroßen Canis familiaris intermedius Woldrich hielt er für die Ausgangsform der Jagdhunde und der mesolithische Hund der »Muschelesser«, war der direkte Ahne aller Schäfer- und Windhunde.

Auch der Züricher Zoologe C. Keller (1848-1930) kam auf Grund eigener kraniometrischer Vergleiche zu ähnlichen Rassengruppen wie Studer, die er ebenfalls in Form von Stammbäumen darstellte, wobei er allerdings Rütimeyers Torfhund direkt vom Schakal ableitete. Studers Stammbaum blieb lange Zeit die Grundlage aller Rassenkunde. Er diente R. Strebel 1905 für die Einteilung der Rassen in seinem großen Werk »Die deutschen Hunde«, und auch Fehringer (1970) teilte die Hunderassen nach dem von Studer geschaffenen Stammbaum ein.

F. Baumann, Direktor des Naturhistorischen Museums in Bern, hat anlässlich der schweizerischen Landesausstellung 1939 diesen Stammbaum der modernen Hunderassen eindrücklich dargestellt. Sein Werk wurde seither in vielen Hundebüchern reproduziert. Wie nachhaltig Studers Stammbaum wirkte, zeigt sich unter anderem auch darin, dass Epstein ihn noch 1971 in seinem Werk »Origin of the domestic animals of Africa« aufführt.

Studers Ableitung der modernen Rassen von prähistorischen Hunden beruht einzig auf krainometrischen Vergleichen. Haarart und Haarfarbe, Ohren- und Rutenhaltung, Merkmale, die heutige Hunderassen weit mehr prägen als kraniologische Unterschiede, mussten, weil unbekannt, unberücksichtigt bleiben.

Studers Rassenstammbaum kann auch deshalb keine Gültigkeit haben, weil

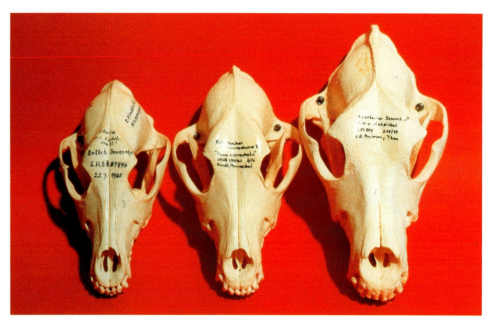

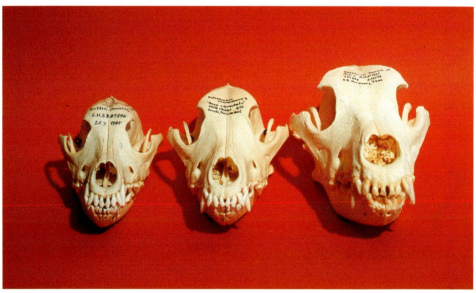

*Abb. 26. Schädel heutiger Entlebucher Sennenhunde.
Obschon es sich um eine seit mehr als 70 Jahren rein gezüchtete Rasse handelt,
sind die Unterschiede der Schädelgrößen beträchtlich.
Albert Heim Stiftung, Fotos: M. Nussbaumer.*

die Glieder zwischen den prähistorischen und den modernen Rassen fehlen und, wie schon gesagt, kleine Formunterschiede am Schädel, die Studer als Rassenmerkmale interpretiert, größenabhängig sind.

Offenbar war sich auch Studer anfänglich seiner Rassentrennung nicht ganz sicher, schreibt er doch: »Es fragt sich nun, wie sind diese verschiedenen Formen zustande gekommen. Sind der Stammform von Schaffis neue Elemente zugefügt worden, die sich mit ihnen gekreuzt und als Produkt diese abweichenden Rassen erzeugt haben, oder haben wir es nur mit einer Züchtung und Verbesserung der alten Rassen zu tun?«

Doch später, in der bereits erwähnten Publikation von 1901, scheint er sicher zu sein. Nun aber werden seine Rasseverwandtschaften, die über lange Zeit unangefochten als gesichert galten, durch die Forschungen der Molekularbiologen völlig über den Haufen geworfen (siehe Seite 19, 20). Nach ihren Forschungen finden sich dieselben Genotypen von Mitochondrien bei Rassen, die mit dem Studer'schen Stammbaum nichts mehr gemein haben. Damit wird die durch die Kieler Schule unter W. Herre vertretene Meinung, dass es unmöglich sei, anhand von Schädelfunden direkte Abstammungslinien zu modernen Hunderassen zu ziehen, auch von Seiten der Molekularbiologen bestätigt.

Das soll nun aber keineswegs heißen, dass nicht schon der Neolithiker gewisse Formen seiner Hunde bevorzugte und so eine primitive Rassenzucht betrieben hat, und sich deshalb von Siedlung zu Siedlung verschiedene Hundeschläge, zumindest was die Größe betrifft, gebildet haben. So sind zum Beispiel die Hunde aus der Pfahlbaustation Egolzwil 2 (Luzern) im Durchschnitt deutlich kleiner als diejenigen der aus der gleichen Zeit stammenden Siedlung Sipplingen am Bodensee.

Dass der Neolithiker offenbar bereits eine Zuchtwahl betrieb, geht auch aus den Feststellungen Rütimeyers hervor. In seiner »Fauna der Pfahlbauten« schreibt er: »Fast alle Hundeschädel gehören vollkommen erwachsenen und meistens sogar alten Thieren, weit seltener waren ganz junge Thiere und Embryos, Mittelstufen finden sich kaum.«

Diese Feststellung wird später von Studer in vollem Umfange bestätigt, wenn er sagt: »Schädel von Hunden mittleren Alters fehlen fast vollkommen, Kiefer und Schädelstücke ganz junger Thiere sind dagegen, namentlich an Orten wie Lüscherz, wo das Knochenmaterial mit großer Sorgfalt gesammelt wurde, relativ häufig. Die meisten Schädel gehören alten Thieren und zeigen Spuren gewaltsamer Todesart. Es liegt daher der Gedanke nahe, dass bei den Pfahlbauern nicht der ganze Wurf des Hundes großgezogen wurde, sondern nur einzelne Individuen ... die übrigen aus dem Wurf wurden einfach ertränkt.«

Nach welchen Kriterien der Pfahlbauer die Auslese traf, wissen wir freilich nicht. Möglich wäre immerhin, dass auch er schon eine Vorliebe für eine bestimmte Farbe seiner Hunde hatte und dass sich deshalb die Hunde der einzelnen Siedlungen nicht nur in der Größe, sondern auch in der vorherrschenden Haarfarbe voneinander unterschieden.

# Kapitel 4

# VOM TORFHUND ZUM HEUTIGEN RASSEHUND - STEIGERUNG DER VARIABILITÄT

**EISENZEIT - DIE HUNDEPOPULATION WIRD UNEINHEITLICH**
Während der jüngeren Steinzeit (Neolithikum) und der anschließenden Bronzezeit war die Hundepopulation in Europa mindestens in Bezug auf Größe und Gestalt noch recht einheitlich. Für die nachfolgende Eisenzeit, in Europa allgemein Hallstattzeit genannt (800-400 v Chr.), liegen relativ wenig Funde von Haushunden vor. Der Mensch hatte die Pfahlbauten an den Seen und in den Mooren weitgehend verlassen und baute sich Hütten im Landesinnern. Denn seit das Pferd allgemeine Verbreitung gefunden hatte, war der Mensch nicht mehr an die Wasserwege als einzige Verkehrsstraßen gebunden. Die konservierende Wirkung der unter Luftabschluss stehenden See- und Moorböden entfällt, Massenansammlungen von Knochenmaterial von Hunden werden seltener.

Mangels Fundstätten in der Schweiz stütze ich mich auf Funde von Ausgrabungen bei Bludenz in Vorarlberg. Aus diesen schließend, war der Hallstattmensch vorwiegend Ackerbauer, Rinder- und Schafzüchter. Die Größe der Rinder und Pferde nimmt gegenüber der Bronzezeit wieder merklich zu, auch die Hunde werden größer und erreichen bisweilen das Maß eines ausgewachsenen europäischen Wolfes. Ein in Kufstein gefundener Hundeschädel stimmt nach Studer in Größe und Form mit dem Schädel schweizerischer Küherhunde überein, die die Größe eines heutigen Großen Schweizer Sennenhundes hatten (Widerristhöhe ca. 70 cm).

Neben diesen großen Hunden ist aber auch die kleine Palustrisform immer noch vorhanden. Funde von Manching (Bayern) aus der späten Eisenzeit (La Tène Zeit, 400-58 v. Chr.) ergeben Zwerghunde mit einer Schädelbasislänge von 106,6 mm bis hin zu Hunden von der Größe eines heutigen Berner Sennenhundes. Immerhin werden aber auch jetzt die heutigen Extremformen weder nach unten noch nach oben erreicht.

Die ganze Hundepopulation wird jedoch deutlich uneinheitlich. Es finden sich Unterkiefer, die schmaler sind als diejenigen heutiger Greyhounds und andererseits auch solche, die annähernd die Proportionen eines heutigen Bulldoggenschädels aufweisen. Was dabei interessant ist: Von 250 Unterkiefern weisen 40 und von 50 Oberkiefern 7 Zahnanomalien auf. Prämolarenverluste sind anscheinend so alt wie der Haushund und beileibe keine Inzuchtschäden, wie immer wieder behauptet wird!

Und immer noch sind die meisten der aufgefundenen großen Röhrenknochen gespalten und weisen Schnittspuren auf, ebenso sind die Gehirnkapseln aufgebrochen. Das gefundene Knochenmaterial spricht für Küchenabfälle.

Ausgrabungen aus der späten La Tène Zeit auf der Engehalbinsel bei Bern zeigen, dass die Jagd auf die Fleischversorgung nebensächlich geworden ist, Funde von Wildtieren machen nur 2 % des gesamten Knochenmaterials aus, wobei der Hirsch das häufigste Jagdtier war. Darf man daraus schließen, dass der Hund für den überwiegenden Teil der Bevölkerung als Jagdgehilfe an Bedeutung verloren hat?

Die Knochenfunde von Hunden ergeben kleine bis mittelgroße Tiere, vergleichbar der alten Torfhundeform. Die gemessenen Hirnstammbasislängen (die Hirnstammbasislänge lässt, wie wir weiter hinten sehen werden, schlüssige Hinweise auf die Widerristhöhe eines Hundes zu) lassen Widerristhöhen zwischen 40-50 cm errechnen, es waren also Hunde von der Größe eines heutigen Mittelschnauzers. Sieben Funde ergeben Tiere von rund 60 cm Widerristhöhe, wobei jedoch fraglich ist, ob es sich tatsächlich um Hunde oder um Wölfe handelt.

Dass es schon zur Bronzezeit im Vorderen Orient große Hunde gab, geht aus einer Gesetzestafel des frühen 2. Jahrtausends v. Chr. hervor, die im heutigen Irak gefunden wurde. Sie bestimmt: »Gesetzt ein Hund ist bissig und dies wurde dem Eigentümer von den Behörden mitgeteilt, wenn er ungeachtet dessen den Hund nicht im Haus behält, und der Hund beißt einen Mann und verursacht dessen Tod, so hat der Eigentümer zwei Drittel Mine Silber zu zahlen.« Ein Hund, der einen Menschen töten konnte, musste eine beträchtliche Größe gehabt haben.

Zusammenfassend kann gesagt werden, dass sich gegen Ende der Eisenzeit die große Variabilität des Haushundes ankündigt.

Und weil beim Hund je länger je weniger wirtschaftliche Überlegungen eine so große Rolle spielten wie bei andern Haustieren, entstand bei ihm eine Fülle der genetischen Variabilität in Bezug auf Körperformen, Haarfarben und Haarstrukturen wie sonst bei keinem anderen Haustier. Vor allem seit Beginn des 19. Jahrhunderts hat diese Variabilität ein Ausmaß angenommen, dass sie schon fast an die Grenzen des Artbegriffes stößt.

In den folgenden Kapiteln sollen an einigen Beispielen diese Abweichungen von der Urform aufgezeigt werden, wobei zum Schluss dieses Buches auch auf folgenschwere Übertreibungen rassespezifischer Merkmale hingewiesen wird.

## VIELFALT DER HAARFARBEN

Von Haustieren, die in geschichtlicher Zeit domestiziert wurden, wissen wir, dass zu den allerersten Domestikationsmerkmalen Änderungen der ursprünglichen Wildfarbe gehörten. Dies gilt für Säugetiere (Kaninchen, Meerschweinchen, Goldhamster, neuerdings auch für den Damhirsch), ebenso für Vögel (Kanarienvögel, eine Vielzahl von Sitticharten und Finkenvögeln) wie auch für Fische (diverse Karpfenarten).

Die bereits mehrfach erwähnten molekularbiologischen Untersuchungen von Wayne und Vilàs, wie auch die Forschungsergebnisse der Ethologen an Wölfen, Hunden und Hunde-Wolf-Bastarden (Pu-Wos, Feddersen-Petersen, 1986) lassen mit an Sicherheit grenzender Wahrscheinlichkeit den Schluss zu, dass der Haushund eine Unterart des Grauwolfes ist.

Wir haben deshalb bei der Betrachtung der Haarfarben des Hundes vom Wolfsfell auszugehen und müssen uns im Klaren sein, dass im Laufe der Domestikation keine neuen Farben entstanden, wohl aber die bereits im Wolfsfell vorhandenen Farben durch modifizierende Faktoren vielfach abgeändert und neu verteilt wurden.

Es ist das Werk des Menschen, im Laufe der Umwandlung des Wolfes zum Haushund Farbkombinationen erblich gefestigt zu haben, die beim wildlebenden Wolf wieder verschwunden wären, weil sie hier keine selektive Bedeutung hatten. Der Hund ist auch in dieser Hinsicht das Produkt des Menschen, er war im ursprünglichen Schöpfungsplan nicht vorgesehen.

Der Wolf ist flink genug, um allen seinen Feinden zu entgehen, und er ist stark genug, um im Rudelverband Feinde zu vertreiben. So wurden bei ihm, stammesgeschichtlich gesehen, weder Tarn- noch Schreckfarben notwendig, und als vorwiegend geruchlich orientiertes Tier enthielten auffällige Farbmuster nicht eine derart wichtige Signalfunktion im innerartlichen Bereich wie etwa bei vielen Vogelarten. Wölfe sind eisengrau, rötlichgrau, schwarz oder auch weiß, Scheckenmuster kommen zwar gelegentlich vor, aber nicht so ausgeprägt wie bei Hunden.

Die Genstrukturen, die die Haarfarben des Wolfes bestimmen, scheinen recht instabil zu sein. Mutationen treten relativ häufig auch bei wildlebenden Wölfen auf. Sie verschwinden dann regelmäßig wieder, weil ihnen keine positiv selektive Bedeutung zukommt.

Wie rasch diese Strukturen auseinanderfallen, zeigen die Zuchtversuche von D. Feddersen-Petersen mit Pudel-Wolfbastarden. Weil schwarz dominat über die Wildfarbe ist, waren alle Jungtiere der ersten Generation schwarz. Unter sich gepaart spalteten die Farben in der F2-Generation jedoch auf, neuen Genkombinationen schienen keine Grenzen gesetzt. Es gab schwarze, braune mit braunen Nasen, rötliche mit schwarzen Nasen, black-and-tan-farbene und dazu alle möglichen Zwischenstufen.

Die moderne Ethologie, die Strukturen des Verhaltens erforscht und zu deuten versucht, lehrt uns, dass jedem Farbmuster eine Bedeutung im Zusammenleben, insbesondere auch bei der Paarbildung und in der Eltern-Kindbeziehung zukommt. Der Ethologe spricht dann von Ausdrucksstrukturen. Für das Haustier sind diese besonderen Farbmuster kaum mehr von Bedeutung, weil sie zum Teil verloren gegangen sind, aber die ihnen zugeordneten Verhaltensweisen sind, wenn auch oft nur rudimentär, erhalten geblieben.

Wenn beim drohenden Wolf der dunkel, bisweilen auch deutlich rötlich gefärbte Nasenrücken durch das Zusammendrücken der Hautfalten noch farbintensiver wird, so entfällt beim schwarzen oder weißen Hund diese Wirkung.

Ob wir nun die uns umgebende Farbenpracht mit den Augen der Ethologen betrachten wollen, das heißt jeder irgendwie auffallenden Farbe oder einem besonderen Farbmuster einen ganz bestimmten Mitteilungszweck zuordnen, ist eine Frage der persönlichen Philosophie.

Ich stimme da eher dem verstorbenen Baseler Zoologen A. Portmann zu, der einst sagte, dass diese bunten Feder- und Haarstrukturen nicht allein den als notwendig verständlichen Leistungen dienen, sondern ganz besonders für anschauende Augen erschaffen sind. Sie sind als eine »Augenweide« aufzufassen, als Gebilde zum Anschauen.

Eine solche Betrachtungsweise schließt jedoch nicht aus, dass auffällige Muster wie der eben erwähnte auffällig gefärbte Nasenrücken des Wolfes oder der helle Analfleck des Wolfes und vieler Hunderassen durchaus eine Signalwirkung haben.

Hier stellt sich nun fast zwangsläufig die Frage, ob die bunten Farbmuster des Hundefells vom Hund überhaupt wahrgenommen werden, das heißt, ob er Farbe und deren Verteilung auf dem Körper seiner Artgenossen überhaupt bewusst sieht. Die anatomischen Voraussetzungen zu einem Farbsehen, nämlich das Vorhandensein von farbempfindlichen Zapfenzellen in der Netzhaut des Auges, ist zwar gegeben, sie treten jedoch zahlenmäßig gegenüber den lichtempfindlichen Stäbchenzellen stark zurück.

Verschiedene Autoren (Smythe 1975, Drössler 1968) sprechen dem Hund ein Farbensehen rundweg ab. Nach Wegner (1975) »entwickelt das Hundeauge wohl nur wenig oder keine Farbtüchtigkeit«. Smith (zitiert in v. Rheenen, 1978) kam auf Grund ausführlicher Untersuchungen - über die Versuchsanordnung wird nichts gesagt - zur Schlussfolgerung, der Hund habe einen schwach entwickelten Farbsinn, dass aber Farben eine unbedeutende Rolle in seinem Leben spielen.

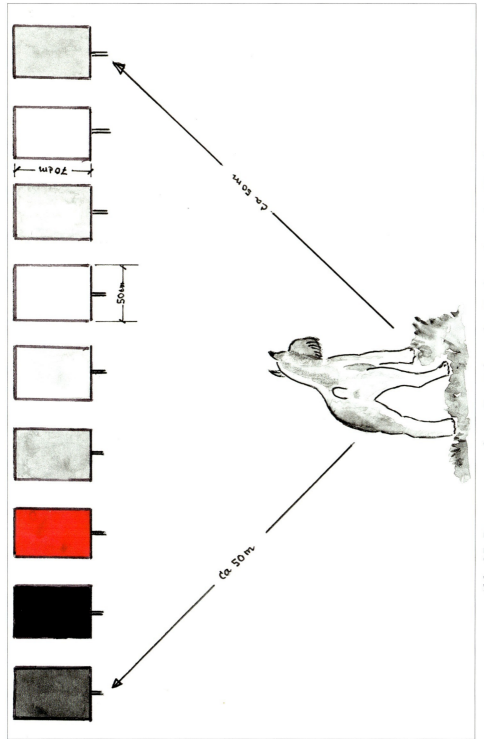

*Abb. 27. Dressurversuch zur Ermittlung des Farbensehens der Hunde. Zeichnung: H. Räber.*

In einem Versuch schließen wir aus dem, was ein Tier tut, darauf, was es sieht. Das Problem einer Dressur auf Farben liegt darin, dass die Farbwahrnehmung ein Prozess ist, der nicht nur von den anatomisch-physiologischen Gegebenheiten wie Sinnesorgan, Leitungsbahnen, Zentralnervensystem und deren Funktion, sondern auch von psychischen Faktoren der eigentlichen »Wahr-Nehmung«, durch welche die Sinneseindrücke ins Bewusstsein gelangen, bestimmt wird.

Im Versuch muss das Tier gezwungen werden, auf die gestellte Frage und nur auf diese zu »antworten«, im Farbversuch also nur auf die Farbe zu reagieren und nicht noch zusätzlich auf Helligkeit, Position, Geruch und so weiter.

Das aber ist bei einem dermaßen psychisch leistungsfähigen Tier wie dem Haushund äußerst schwierig, insbesondere auch deshalb, weil in der visuellen Umwelt des Hundes, verglichen mit Bewegung und Form eines Gegenstandes, dessen Farbe von geringer Wichtigkeit ist. Man müsste also eine Dressuranordnung finden, die den Hund zwingt, sich nur auf die gebotene Farbe zu konzentrieren.

Ich habe mich vor Jahren bemüht, mit einem Schnauzer und einem Berner Sennenhund diese Frage zu klären und die beiden Hunde auf Farben zu dressieren. Die Versuchsanordnung war äußerst einfach und genügt wissenschaftlichen Anforderungen nicht (Abb. 27). Neben acht Tafeln in unterschiedlichen Grautönen - jede Farbe hat ja auch einen Helligkeitswert - befand sich eine Farbtafel, bei der ein Stück Hundekuchen lag.

Der Schnauzer begriff recht rasch, worum es da ging, der Berner Sennenhund war, wie das bei unseren Bernern nun einmal üblich ist, deutlich langsamer, womit ich beileibe nicht etwa sagen möchte, ein Berner Sennenhund sei dümmer als ein Schnauzer. Bei Hunden einen IQ errechnen zu wollen, wie das auch schon getan worden ist, halte ich für absoluten Unsinn.

Nachdem die Hunde gelernt hatten, dass sich bei der farbigen Tafel ein Leckerbissen befand und sie diese Tafel aus einer Entfernung von 50 m zielsicher ansteuerten, wurde der Platz der Farbtafel mit einer Grautafel vertauscht. Die Hunde liefen dorthin, wo vorher die Farbtafel stand, und weil sich dort der gesuchte Hundekuchen nicht befand, suchten sie der Reihe nach alle Tafeln ab. Es gelang mir auch nach x Versuchen nicht, die Hunde auf eine der Farben rot, blau oder gelb zu dressieren, wie man das beispielsweise mit Bienen, Wespen, Ellritzen oder Tauben problemlos machen kann.

Soll ich nun daraus schließen, dass Hunde Farben nicht sehen? Nahe liegender ist wohl der Schluss, dass Farben für sie bedeutungslos sind und sie sich deshalb dafür nicht interessieren. Bewegte Gegenstände sind für sie wichtiger. Meine Hunde unterscheiden auf Distanzen von über 100 Metern eine sich bewegende weiße Katze eindeutig von einem sich bewegenden weißen Huhn!

## WIE ENTSTEHEN FELLFARBEN?

Über die Fellfarben der Hunde und deren Vererbung gibt es eine umfangreiche Literatur. Die Genetiker haben für die einzelnen Farbmuster komplizierte Genformeln entwickelt, mit denen der mit solchen Symbolen wenig oder überhaupt nicht vertraute Leser wenig anfangen kann. Es kommt als weitere Schwierigkeit hinzu, dass die verschiedenen Autoren für das gleiche Gen unterschiedliche Buchstabensymbole verwenden, was für den Laien die Sache nochmals erschwert. Ich verzichte auf die Aufstellung von Genformeln für die verschiedenen Färbungen und Farbmuster, möchte lediglich die im Laufe der Domestikation aufgetretene Vielfalt aufzeigen.

Gemäß dem von Herre aufgestellten Grundsatz, dass im Laufe der Domestikation nichts grundsätzlich Neues entstanden ist, müssen wir, wie ich bereits gesagt habe, bei der Darstellung der Haarfarben und Farbmuster des Hundes vom Wolfsfell ausgehen (Abb. 28). Nach wie vor sind es auch beim Hund die beiden Pigmente Eumelanin für schwarz und braun sowie Phaeomelanin für gelb und rot, die die Fellfarben bilden.

Diese Pigmente werden im Mark und in der Rinde des Haares eingelagert, wobei die Außenseiten des Haares intensiver gefärbt sind als die nicht sichtbaren Innenseiten. Ebenso sind die sichtbaren Deckhaare intensiver gefärbt als die nicht sichtbaren Wollhaare. Die Fellfarbe hängt nun davon ab, welcher der beiden Typen in den Markzellen und in der Haarrinde vorherrschen. Das komplexeste Farbmuster ist das von den Genetikern als Agutiserie bezeichnete Fell, bei dem die Farben zonenweise ins Deckhaar eingelagert sind, so dass ein Ringelmuster entsteht. Deutlicher als beim Wolfsfell wird das Ringelmuster im Fell des pfeffersalzfarbenen Schnauzers oder des Chinchillakaninchens sichtbar, weil hier der gelbe Farbstoff fehlt und an dessen Stelle farblose Zonen entstehen, die uns weiß erscheinen (Abb. 29).

Der Erbgang der Grundfärbung (Aguti) des Wolfes und des Hundes ist schwer durchschaubar, weil sich die dafür zuständigen Farbgene - die Genetiker sagen, dass mindestens zehn Gene daran beteiligt sind - auf drei verschiedene Allelreihen verteilen, die unabhängig voneinander wirken können. Daraus ergibt sich die unterschiedliche Schattierung des Gesamtfells, und deshalb können ähnliche Farbmuster auf verschiedenen Genotypen beruhen.

Wenn die rötlichen Töne überwiegen, wird ein Hund hirschrot mit schwarzer Nase (Abb. 30), fehlt jedoch das rote Pigment, entsteht die silbergraue Farbe des pfeffersalzfarbenen Schnauzers (Abb. 31). Charakteristisch für diesen Farbtyp ist, dass die Welpen bei der Geburt sehr dunkel sind (Abb. 32) und erst im Laufe der ersten, manchmal auch erst im zweiten Lebensjahr aufhellen und ihre endgültige Farbe bekommen.

Abb. 28. Gemäß dem von W. Herre aufgestellten Grundsatz, dass im Laufe der Domestikation nichts grundsätzlich Neues entstanden ist, müssen wir bei den Haarfarben und Farbmustern des Hundes vom Wolfsfell ausgehen. Südpersischer Grauwolf. Gesellschaft für Haustierforschung e. V. Foto: F. Vanacker.

*Abb. 29.
Beim pfeffersalzfarbenen
Schnauzer fehlt der gelbe
Farbstoff. Durch die farblosen,
uns weiß erscheinenden Stellen,
wird das Ringelmuster
deutlicher sichtbar als beim
ursprünglichen Wolfsfell.
Ausschnitt Fell eines
Pfeffer-Salz Schnauzers.
Foto: E. Feuz,
CH-5608 Stetten.*

*Abb. 30.
Hirschroter
Deutscher
Pinscher. Der
rote Farbstoff
überwiegt, aber
die schwarzen
Haarspitzen
deuten das
ursprüngliche
Ringelmuster
noch an.
Foto: M. Zemp.*

*Abb. 31. Beim pfeffersalzfarbenen Schnauzer fehlt der gelbe Farbstoff, die »Wildfarbigkeitsabzeichen« sind aber noch erhalten und erscheinen jetzt hellgrau. Foto: E. Feuz, CH-5608 Stetten.*

Das gilt für alle der Wildfarbe nahe stehenden Fellfarben des Hundes. Zur Wildfärbung gehört auch eine unterschiedliche Farbverteilung auf dem Körper. Es entstehen die so genannten »Wildfarbigkeitsabzeichen«. Wichtige Geruchszentren werden optisch hervorgehoben, zum Beispiel die Lippenränder, die Analgegend, die Spürhaare an den Wangen, die Viole auf der Schwanzoberseite (bei einigen kurzhaarigen Rassen noch deutlich sichtbar, Rhodesian Ridgeback, Bullterrier), die Innenseiten der Ohren, die Hals- und Schulterpartie sowie die Pfoten. Auch hier erkennen wir das ursprüngliche Muster zum Beispiel am Schwarz-Silber Schnauzer weit besser als am Wolf, weil bei ihm alle beim Wolf rötlich oder gelb gefärbten Partien wegen des fehlenden Phaeomelanins weiß geworden sind (Abb. 33). Als rein optische, aber nicht unbedingt geruchliche Ausdrucksstrukturen sind die schon erwähnte auffällige Färbung des Nasenrückens und die Überaugenflecken zu werten, die wir beim dunkel gefärbten Hund weit besser zu erkennen vermögen als beim grauen Wolf (Abb. 34).

Einander ins Gesicht starren ist im Tierreich - aber auch bei uns Menschen - weit verbreitet und wird als Aggression empfunden. Die hellen Überaugenflecken unterstreichen den starren Blick.

Abb. 32. Pfeffersalzfarbene Hunde sind im Welpenalter stets dunkel gefärbt und haben in der Regel noch braungelbe Abzeichen. Ihre endgültige Farbe erhalten sie erst nach dem ersten, manchmal erst nach dem zweiten Haarwechsel.
Foto: E. Feuz, CH-5608 Stetten.

Die Rückseiten der Ohren sind beim grauen Wolf fuchsig rot und werden gegen die Ohrenspitzen zu allmählich dunkler, ein Farbmerkmal, das bei vielen Hunderassen erhalten geblieben ist, auch bei solchen, die mit der Wolfsfärbung nicht mehr viel zu tun haben, auch bei Hunderassen, wo dies unerwünscht ist, zum Beispiel bei vielen Sennenhunden.

Bestimmte Farben können reinerbig gezüchtet werden, indem die Züchter über Generationen alle anderen, die Farben beeinflussenden Gene ausschalten. So gibt es zum Beispiel keine reinschwarzen Boxer mehr, und die ehemals häufigen »elchfarbigen« Schnauzer sind endgültig verschwunden. Bei derart reinerbigen Rassen können »Dominanzfolgen« aufgestellt werden, und der Züchter weiß im Voraus, welche Farbe die Welpen aus einer bestimmten Paarung haben

*Abb. 33.*
*Beim Schwarz-Silber Zwergschnauzer wird die Verteilung der Wildfarbigkeitsabzeichen deutlicher sichtbar als beim Wolf, weil alle ursprünglich gelbroten Stellen weiß sind.*
*Foto: E. Feuz*
*CH-5608 Stetten.*

werden. Diese Dominanzfolgen gelten jedoch nur innerhalb der Rasse und können nicht tel quel auf andere Rassen übertragen werden.

Bei einer Paarung phänotypisch ähnlicher, aber genotypisch verschiedener Farben können völlig neue Farbvarianten entstehen. Diese Erfahrung machte ich schon vor rund 70 Jahren als junger Kaninchenzüchter.

In der Meinung, ich müsste meiner Silberkaninchenzucht »frisches Blut« zuführen, schoss ich übers Ziel hinaus, indem ich ein Chinchillakaninchen einkreuzte. Oberflächlich gesehen ist ein helles Silberkaninchen einem Chinchillakaninchen sehr ähnlich, allein die silbergraue Farbe beruht auf völlig anderen Genotypen.

Das Chinchillakaninchen ist ein wildfarbenes Kaninchen, bei dem der braune Farbstoff im Haar verdrängt wurde. Das Ringelmuster blieb aber erhalten. Das Silberkaninchen ist jedoch, vereinfacht gesagt, ein schwarzes Kaninchen mit mehr oder weniger zahlreichen reinweißen Stichelhaaren. Das Ergebnis der Kreuzung war enttäuschend, für einen Genetiker aber voraussehbar: Sämtliche

Jungtiere aus dieser Kreuzung waren hasengrau, also rein wildfarben. Das Silberkaninchen brachte, von Schwarz überdeckt, den braunen Farbstoff, das Chinchillakaninchen dagegen den dominanten Wildfarbigkeitsfaktor, also jene Gene, die dafür verantwortlich sind, dass die Farbstoffe zonenweise ins Haar eingelegt werden. So wurden jetzt die weißen »Lücken« im Chinchillahaar mit dem dorthin gehörenden braunen Farbstoff aufgefüllt, und das ursprüngliche wildfarbene Haar war wieder hergestellt.

Dem gleichen Irrtum verfiel vor rund 60 Jahren der Herauszüchter des pfeffersalzfarbenen Deutschen Pinschers in der Schweiz. Damals gab es in Deutschland noch eine einzige Zucht von grauen Deutschen Pinschern, die seither ebenfalls verschwunden sind. Dieses Blaugrau des Pinschers beruhte auf einem Verdünnungsfaktor, der Schwarz zu »Blau« aufhellt. (Ich komme später nochmals darauf zurück).

Ebenfalls von der Notwendigkeit überzeugt, er müsste seinen grauen Pinschern »frisches Blut« zuführen, deckte der Schweizer Jean Pfister eine blaugraue Hündin deutscher Herkunft mit seinem pfeffersalzfarbenen Weltsieger. Das Ergebnis waren »elchfarbene«, also wildfarbene Pinscher. Die Gründe für

*Abb. 34. Beim dunkel gefärbten Hund sind die Überaugenflecken deutlicher sichtbar als beim Wolf.*

diesen Misserfolg waren die gleichen wie bei der Kreuzung Silberkaninchen x Chinchillakaninchen. Die grobe Gleichung Gleiches x Gleiches = Gleiches geht nicht immer auf.

## ÜBERSICHT DER WICHTIGSTEN FARBMUTANTEN DES HUNDES
*Weiß ist nicht weiß*
Weißes Haar ist nicht farblos. Im Inneren des Haares entstehen bei der Verhornung winzige Luftbläschen. Das Weiß kommt durch die Reflexion des Lichts an diesen Luftbläschen zustande, so wie für unser Auge das farblose Wasser eines Wasserfalls weiß ist. Doch Weiß und Weiß sind beim Hund nicht immer dasselbe.

Vereinfacht gesagt: Ein Hund wird weiß, wenn er zwar Pigment bildet, aber ein mutiertes Gen die Einlagerung des Pigments ins Haar verhindert. Solche Hunde haben in der Regel dunkle Pigmentflecken in der Haut, einen farbigen Nasenspiegel und farbige Lidränder. Ein Hund kann aber auch weiß sein, weil mutierte Gene die Bildung von Pigmenten nur noch in beschränktem Maße oder überhaupt nicht mehr zulassen.

Dass Weiß durch ganz verschiedene Genotypen zustande kommt, erfuhr ich schon als Kaninchenzüchter im Knabenalter. Ich hatte ein weibliches Weißes Wiener Kaninchen. Weiße Wiener bilden Eumelanin, aber ein mutierter Erbfaktor verhindert die Einlagerung des Pigments ins Haar. Selbst die Hornhaut des Auges ist farblos, nicht aber das Tapetum im Augenhintergrund. Es ist schwarz. Und weil durch ein beleuchtetes, trübes Medium hindurch schwarz für uns blau wird - ich erinnere an den »blauen Himmel« und den berühmten »Blausee« im Berner Oberland - hat das Weiße Wiener Kaninchen »blaue« Augen. Um etwas größere Kaninchen zu erhalten, paarte ich das Kaninchen mit einem Weißen Belgischen Riesen. Der Belgische Riese bildet kein Pigment mehr, er ist ein echter Albino, auch das Tapetum im Auge ist farblos. Man sieht durch die Hornhaut die roten Blutgefäße schimmern. Das Ergebnis der Paarung entsprach nicht ganz meinen Erwartungen, die Jungen waren zum Teil dunkelhasengrau bis fast schwarz. Das Weiße Wiener Kaninchen hatte die Fähigkeit zur Farbstoffbildung, der Belgische Riese die Fähigkeit, das Pigment in das Fell einzulagern.

Auch weiße Hunde sind nicht einfach weiß. Einen echten Albino habe ich jedoch in den 60 Jahren, in denen ich mich intensiv mit Hunden befasse, noch nie gesehen. Es gibt aber genetisch braun-weiße Hunde, wie zum Beispiel ein weißer Lagotto Romagnola mit brauner Nase (Abb. 35) oder genetisch schwarz-weiße Hunde wie zum Beispiel ein weißer Samojede mit schwarzer Nase und

*Abb. 35.
Genetisch braun-
weißer Lagotto.
Foto: M. Mächler.*

*Abb. 36.
Genetisch schwarz-
weißer Samojede.
Foto: E. Bossi.*

schwarzen Lidrändern (Abb. 36), und es gibt auch genetisch gestromt-weiße Hunde, zum Beispiel bei den Bullterriern. Oft verrät ein farbiges Monokel rund um ein Auge, welcher Farbe ein weißer Hund zuzuordnen ist.

Da weiße Hunde genetisch verschieden sein können, ist es zum Beispiel möglich, dass bei der Paarung einer weißen Pudelhündin mit einem schwarzen Rüden braune oder schwarze Welpen fallen. Und weil es offenbar beim Apricot-Pudel genetisch braune und genetisch schwarze Hunde gibt, können, wie dies Willis beschreibt, ab und zu in den Würfen zweier apricotfarbener Pudel schwarze Welpen liegen.

### *Verschiedene Schwarzfärbung*

So wie die weiße Haarfarbe durch verschiedene Genotypen zustande kommt, so gibt es offenbar beim Hund auch verschiedene Genotypen für die Schwarzfärbung. Pape (1985) spricht von einer »summierten Schwarzfärbung«, wenn aus den drei von ihm postulierten Allelreihen die Faktoren für die größte Intensität des Schwarzpigments zusammenwirken. Es entsteht dann eine intensive Schwarzfärbung, die sich gegenüber allen anderen Farben dominant durchsetzt. Hunde mit diesem summierten Schwarz sind heute die schwarzen Mittelschnauzer.

Hunde können auch schwarz sein, wenn schwarz nur durch eine der möglichen Allelreihen verursacht wird, zum Beispiel bei einer Kreuzung von schwarz x wildfarben. Hunde mit diesem Genotyp werden nicht in jedem Fall schwarz als dominant vererben. So gab es zu Beginn der konsequenten Reinzucht des schwarzen Mittelschnauzers in den Würfen zweier schwarzer Eltern immer wieder andersfarbene Welpen.

### *Qualitative und quantitative Farbvererbung*

Wie bereits gesagt, können an einem bestimmten Genort für ein Merkmal verschiedene Allele sitzen, die dieses Merkmal beeinflussen. Wir haben deshalb bei der Ausbildung der Haarfarben mit einer qualitativen und einer quantitativen Vererbung zu rechnen. Was damit gemeint ist, sei an zwei Beispielen gezeigt:

Das Tupfenmuster des Dalmatiners beruht nach M. B. Willis auf dem doppelt angelegten Allel sw/sw (Allel für extrem weiße Scheckung) und einem dominanten Allel T für Tüpfelung. Sind die beiden Gene doppelt (swswTT) angelegt, so tritt das Tupfenmuster auf, fehlen sie, so fehlt auch die charakteristische Dalmatinerzeichnung. Wir reden hier von einer *qualitativen* Vererbung. Sie folgt, einfach gesagt, der Formel »Ja oder Nein«. Ist sie da, erscheint das Muster, ist sie nicht da, so fehlt es.

*Abb. 37. Beim Dalmatiner und anderen Rassen steuern Plus- und Minusfaktoren die Größe und die Menge der farbigen Tupfen.*

Nun kann aber ein Dalmatiner viele oder auch nur wenige Tupfen aufweisen, und die Tupfen können groß oder klein sein. Es geht um die Menge, die von Plus- oder Minusfaktoren gesteuert wird. Sind viele Plusmodifikatoren da, so sind die Tupfen groß, es können sich an den Ohren oder im Gesicht, vor allem um die Augen, größere Farbflächen (Platten) bilden. Überwiegen die Minusfaktoren, sind nur wenige und kleine Tupfen vorhanden. Wir haben hier eine *quantitative* polygene oder polyfaktorielle Vererbung (Abb. 37).

Ein anderes Beispiel: Die Black and Tanfärbung des Dobermanns, des Rottweilers, des Deutschen Pinschers und anderen mehr beruht auf der doppelten Anlage des Allels $a^t a^t$. Ohne $a^t a^t$ kommt die Black and Tanfärbung nicht zustande. Wir haben es hier wiederum mit einer *qualitativen* Vererbung zu tun.

Jeder Züchter dieser Rassen weiß jedoch, dass die Tanfarbe sehr unterschiedlich sein kann. Sie variiert vom unerwünschten Gelb bis zum ebenso unerwünschten rußigen Dunkelrotbraun, das man nicht mehr als Loh (Tan) bezeichnen kann. Auch hier wirken Modifikatoren mit. Die Intensität der braunen Abzeichen unterliegt einer *quantitativen* Vererbung.

### *Black and Tan*

Eine der ersten Farbmutationen ist nach Meinung vieler Haustierforscher die Black and Tanfärbung, oder zu deutsch »Schwarz-Lohfärbung«. Sie trat bei Kaninchen und Labormäusen als eine der ersten Mutationen auf, und der Haustierforscher König vertrat die Ansicht, aus dieser Mutation ließen sich alle anderen Farbmuster des Haushundes ableiten. Als guter Deutscher nannte er sie allerdings nicht »Black and Tan« sondern »schwarzmarkenfarbig« und diese »markige« Bezeichnung hat sich bis heute in der Hovawartzucht erhalten.

Black and Tan entsteht, vereinfacht gesagt dann, wenn ein mutiertes Gen die Bildung des Ringelmusters im einzelnen Haar verhindert, so dass es schwarz wird, die Wildfarbigkeitsabzeichen jedoch erhalten bleiben. Es kommt dadurch zu einer optischen Übersteigerung des Wildfarbigkeitsmusters.

Typisch für diese Übersteigerung ist die symmetrische Anordnung der Abzeichen, die farblich von annähernd weiß (Schwarz-Silber Schnauzer) bis zu dunkelbraun variieren können.

Typisch ist ebenfalls, dass die Welpen fast völlig schwarz und mit schwach erkennbaren Abzeichen geboren werden, die sich dann allmählich aufhellen, ihre endgültige Farbe aber oft erst im zweiten Lebensjahr erhalten.

### *Plattenscheckung und Irische Färbung*

Schon sehr früh in der Geschichte des Haushundes trat offenbar der Scheckungsfaktor auf. Bereits auf ägyptischen Grabmalereien sehen wir gescheckte Hunde. Bei Wildhunden sind Schecken selten, ein unregelmäßig geflecktes Haarkleid hat meines Wissens nur der afrikanische Hyänenhund, der freilich mit dem Haushund nichts zu tun hat. Die Plattenscheckung beruht auf einer Behinderung des Wachstums der Pigmentzentren während der Embryonalzeit. Oft ist die unvollständige Symmetrie noch zu erkennen. Die Farbplatten besitzen einen konvexen oder aus konvexen Bögen zusammengesetzten Rand, weil sie sich während der embryonalen Entwicklung zentrifugal ausbreiten.

Eine attraktive Vorstufe der Plattenscheckung ist die so genannte »Irische Färbung«, die direkt ein »Markenzeichen« der Schweizer Sennenhunde ist. Diese Bezeichnung geht auf den Genetiker Doncaster (On the inheritance of coat colour in rats, 1906) zurück, der dieses Farbmuster erstmals an Ratten beschrieb, die aus Irland stammten. Bei der Irischen Färbung treten weiße Abzeichen an Schnauze und Brust, am Bauch, an den Pfoten sowie an der Schwanzspitze auf. Bei einer geringen Ausdehnung finden wir die weißen Abzeichen an den Zehenspitzen, als kleinen Brustfleck oder schmale Stirnblesse und als weiße Schwanzspitze.

Wird die Zeichnung ausgedehnter, so erweitern sich die weißen Zehenspitzen zu einem weißen Stiefel, am Kopf erscheint ein weißes »Nasenband«, das mit der Stirnblesse verbunden ist, der weiße Brustfleck kann zu einem weißen Halskragen werden. Dehnt sich die weiße Farbe noch mehr aus, so erscheinen weiße Flecken am Rumpf, die auf den ersten Blick als unregelmäßig angelegt erscheinen, dennoch einer bestimmten Gesetzmäßigkeit folgen. Es lassen sich deutliche Pigmentzentren erkennen.

Recht eindrücklich zeigt sich diese Gesetzmäßigkeit beim Vergleich der ersten Abbildungen eines St. Bernhardshundes aus dem Jahre 1695 mit dem 200 Jahre später lebenden berühmten »Barry I« (Abb. 38. und Abb. 39). Eine direkte Verwandtschaft der beiden Hunde ist ausgeschlossen, denn der so genannte »Hospizstamm« der Bernhardiner erlosch in diesen 200 Jahren mehrmals wegen totaler Unfruchtbarkeit der Hündinnen und musste immer wieder aus Bauernhunden der Walliser Täler neu aufgebaut werden.

Die Gesetzmäßigkeit der Irischen Färbung erkennen wir ebenfalls noch bei verschiedenen Laufhunden (Abb. 40), wobei wir mit Sicherheit annehmen dürfen, dass zwischen einem Bernhardiner und einem Laufhund kein verwandtschaftlicher Zusammenhang bestehen kann.

Die Abbildung 41 zeigt die Reihenfolge, in der bei fortschreitender Ausdehnung der weißen Färbung die einzelnen Pigmentzentren verschwinden, die resistentesten befinden sich um die Augen, an der Schwanzwurzel und - oft nur noch punktförmig - an den Ohren.

*Abb. 38. Bernhardiner nach einer Abbildung aus dem Jahre 1695.*

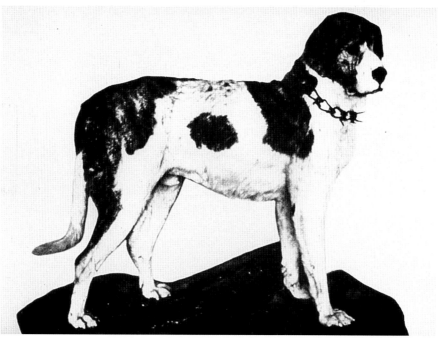

*Abb. 39. Barry I, geb. 1800. Die Gesetzmäßigkeit der Irischen Färbung ist deutlich erkennbar und deckt sich auffallend mit der Färbung des Hundes aus dem Jahre 1695. Foto: Naturhistorisches Museum Bern.*

*Abb. 40. Schweizer Laufhund. Auch hier ist die Gesetzmäßigkeit der Irischen Färbung noch erkennbar. Foto: R. A. Rothe.*

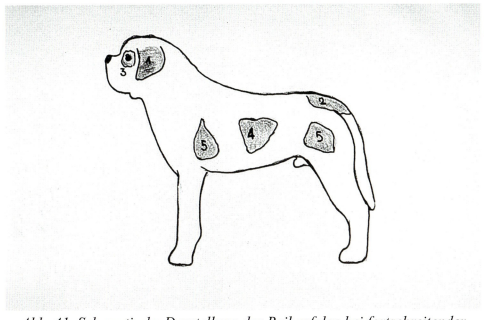

*Abb. 41. Schematische Darstellung der Reihenfolge bei fortschreitender Ausdehnung der weißen Färbung.*

## *Variegate Scheckung*
Auf einem anderen Genotyp beruht das Scheckungsmuster der Deutschen Dogge (Harlekin Dogge). Die farbigen Stellen sind unregelmäßig über den Körper verteilt, eine Symmetrie ihrer Ausdehnung nicht mehr zu erkennen, die Zeichnung wirkt zerrissen.

Dieses Farbmuster entsteht, wenn sich während der Ontogenese nach einer ursprünglich angelegten Vollfärbung Entfärbungszentren bilden. Auch bei diesem Scheckungsmuster spielen Modifikator-Gene eine wichtige Rolle, je nachdem die Plus- oder die Minus-Modifikatoren überwiegen, entstehen mehr oder weniger zahlreiche und mehr oder weniger große Farbflecken.

Die Zucht von Deutschen Doggen mit dem vom Standard erwünschten Zeichnungsmuster ist recht schwierig. Verlangt wird eine möglichst unregelmäßige Verteilung der schwarzen Flecken über den ganzen Körper. Doch der Faktor, der diese Unregelmäßigkeit bewirkt, ist gleichzeitig mit einem Faktor gekoppelt, der die schwarzen Flecken zu Grau auflichtet, was wiederum unerwünscht ist. Der Standard verlangt hier ein Zuchtziel, das in reinerbiger Form gar nicht zu erreichen ist!

## *Braun und Rot*
Die Unterscheidung zwischen Braun und Rot macht den Züchtern mitunter Mühe, und auch die Standardformulierungen sind in dieser Hinsicht nicht immer klar. Braune Hunde besitzen eine doppelt rezessive Anlage für Braun, sie können kein schwarzes Pigment bilden und haben deshalb immer einen braunen Nasenspiegel und braune Lippenränder. Sie können keine andere Farbe vererben. Nachkommen von zwei braunen Eltern sind immer braun. Die Fellfarbe kann jedoch von einem tiefen Havannabraun über Rötlichbraun bis zu Strohgelb variieren.

Phänotypisch rote Hunde können sowohl der Agutiserie wie der Braunserie angehören. Im ersten Fall haben sie eine schwarze Nase und eine mehr oder weniger starke schwarze Stichelung, man sollte deshalb hier von Hirschrot und nicht einfach von Rot reden.

Rote Hunde der Braunserie haben eine braune, oft fast fleischfarbene Nase und ein Fell ohne schwarze Stichelung.

## *Blau und Grau sind nicht dasselbe*
Ein mutiertes Gen verursacht eine Abschwächung des schwarzen oder des braunen Pigments. Schwarz wird zu Blau und Braun wird zu Beige oder gar zu einem hellen Crème. Charakteristisch für diesen *Verdünnungsfaktor* ist, dass »blaue«

Hunde stets blau geboren werden und eine schieferfarbene Nase haben. Blau kann auch kombiniert mit Weiß auftreten, zum Beispiel beim blau-weißen Whippet. Unlogisch werden Standardbestimmungen dann, wenn Blau einfarbig anerkannt, Blau mit Weiß kombiniert jedoch als Fehlfarbe gilt, wie dies zum Beispiel bei den Deutschen Doggen der Fall ist. Im konkreten Fall können in einem Wurf gefleckter Doggen von zwölf Welpen zwei die gewünschte schwarze Standardfarbe haben, zehn jedoch sind blau-weiß gefleckt. Kynologie und Logik liegen eben nicht auf der gleichen Ebene.

Genotypisch anders als die »blauen« sind die »grauen« Hunde. Ihre Farbe wird durch einen Vergrauungsfaktor hervorgerufen. Hunde mit diesem Faktor werden immer schwarz geboren und haben stets eine schwarze Nase. Sie vergrauen dann im ersten oder zweiten Lebensjahr mehr oder weniger stark. Modifizierende Faktoren können eine ganz unterschiedliche Vergrauung hervorrufen, sie reicht vom dunklen Aschgrau bis zu einem hellen Silbergrau.

Offensichtlich macht die Unterscheidung zwischen Blau und Grau selbst Richtern Mühe. So wird beispielsweise in einer neueren Publikation, die gar als Handbuch für Richter gedacht ist, die Farbe des Airedale Terriers als »falb mit *blauem* Mantel« bezeichnet. Jeder Airedale-Züchter weiß jedoch, dass Airedale Terrier stets mit einem schwarzen Mantel geboren werden. Weil der Faktor für die Vergrauung sich dominant vererbt, können genetisch drei Typen vorkommen: 1. Hunde, die den Faktor doppelt, also homozygot haben, 2. Hunde, bei denen er nur einfach, also heterozygot angelegt ist und 3. Hunde, bei denen der Vergrauungsfaktor fehlt. Im 1. und 2. Fall bekommen die Hunde einen mehr oder weniger stark vergrauten Mantel, im 3. Fall bleibt der Mantel schwarz. Beim Airedale Terrier spielt dies für den Züchter keine Rolle, weil der Standard beide Farbtypen anerkennt.

Anders beim Kerry Blue Terrier, bei denen die schwarz gebliebenen Hunde nicht ausgestellt werden können. Die schwarzen Kerry Blues werden deshalb zu Unrecht meistens nicht mehr zur Zucht vewendet. Sehr helle Kerries haben in der Regel den Vergrauungsfaktor doppelt angelegt. Verpaart mit einem schwarzen Partner ergibt dies zu 100 % Nachkommen, bei denen der Vergrauungsfaktor heterozygot vorhanden ist, diese Hunde sind immer grau.

Eine besonders attraktive Farbe bewirkt der *Verdünnungsfaktor* unter anderem beim Weimaraner. Bildet der Hund nur schwarzes Pigment, so wird er jetzt unter dem Einfluss des Verdünnungsfaktors silbermausgrau, bildet er nur braunes Pigment, so wird er silberrehfarben, beide Farben und auch ihre Zwischenstufen werden vom Standard anerkannt.

Einige Forscher haben die Ansicht vertreten, Augenfarbe und Haarfarbe würden sich unabhängig voneinander vererben. Sie stützten sich unter anderem darauf, dass es zum Beispiel braune Neufundländer mit dunkelbraunen Augen gibt, andererseits aber auch schwarze Neufundländer mit hellgelben Augen. Dass sich der Farbverdünnungsfaktor aber offensichtlich auch auf die Augenfarbe auswirkt, sehen wir wiederum beim Weimaraner, der stets sehr helle Augen hat, ebenso haben die »blauen« Doggen nie die dunkle Augenfarbe ihrer schwarzen Brüder.

### *Blue-merle und Blue-Dobermann-Syndrom*

Blue-merle ist ein sehr altes Farbmuster beim Hund und kommt bei vielen alten Gebrauchshunderassen vor, unter anderem beim Collie, Shetland Sheepdog, Australian Shepherd, Welsh Corgi und Dunker. Heterozygot angelegt bewirkt der Merlefaktor eine partielle Aufhellung der Grundfarbe und erzeugt dann ein äußerst attraktives Farbmuster; homozygot entstehen die so genannten »Weißtiger«, die stets mehr oder weniger gravierende Augenanomalien aufweisen und ein- oder beidseitig taub sind. Der Grund für diese Koppelung eines Farbmerkmales mit einer Deformation der Sinnesorgane liegt vermutlich darin, dass die farbbildenden Melanozyten und neuralen Strukturen ihren gemeinsamen Ursprung im embryonalen Neuralrohr haben. Eine Störung der Pigmentzellbildung bewirkt dann auch eine Störung bei der Ausbildung der Sinnesorgane und offenbar auch eine Störung der Spermienbildung bei Rüden. Wegner ist überzeugt, dass auch bei heterozygoter Anlage des Merlefaktors Störungen im Bereich der Augen und Ohren auftreten, aber ein schlüssiger Beweis liegt meines Wissens bis jetzt nicht vor. Persönlich habe ich Mühe mir vorzustellen, dass ein australischer Schafzüchter einen blue-merle-farbenen Australian Shepherd, der nicht gut hört und schlecht sieht, bei seinen Schafherden einsetzt. Ebenso kann ich mir den norwegischen Jäger nicht vorstellen, der mit einem Dunker auf die Jagd geht, der ertrinkt, wenn er ins Wasser fällt.

Kein einsichtiger Züchter paart Blue-merle mit Blue-merle, aber es gibt leider auch uneinsichtige Züchter. Sie nehmen Weißtiger mit massiven Seh- und Hörschäden in Kauf, weil ein Weißtiger mit einem vollfarbigen Hund 100 % blue-merle-farbene Nachkommen ergibt.

Taubheit ist übrigens nicht nur an den Merlefaktor gebunden, ererbte Taubheit ist heute bei 48 Hunderassen bekannt. Die Übertragungsmechanismen sind bis heute noch wenig erforscht. Sicher scheint aber zu sein, dass zum Beispiel die Tupfengröße beim Dalmatiner keinen Einfluss auf das Hör- und Sehvermögen hat.

Eine weitere erbliche Koppelung einer Haarfarbe mit Defektgenen ist unter der Bezeichnung Blue-Dobermann-Syndrom bekannt geworden. Das bereits erwähnte farbabschwächende Gen führt beim schwarzen Dobermann zu einem blauen, beim braunen Dobermann zu einem isabellfarbenen Fell. Leider bewirkt diese an sich attraktive Farbe beim Dobermann, Deutschen Pinscher und beim Zwergpinscher eine Disposition für Haarverlust und Hautentzündungen, die nicht heilbar sind. Weil diese Schäden beim Welpen noch kaum oder überhaupt nicht sichtbar sind und auch nicht ausnahmslos alle erwachsenen Hunde darunter leiden, werden solche Welpen immer wieder aufgezogen. Die zuständigen Rasseclubs haben das Problem erkannt und die blaue Farbe aus den Standards gestrichen.

### *Zusammenfassend:*

Unter dem Haupttitel »Steigerung der Variabilität«, wollte ich hier dem Leser einen Überblick über die wichtigsten Farbvarianten und Farbmuster geben, die wir heute beim Haushund vorfinden. Es ging dabei aber keineswegs um eine umfassende Beschreibung aller heute bekannten Haarfarben sowie deren Verteilung auf dem Körper, und es ging schon gar nicht um eine Genetik der Fellfarben.

Wenn die Annahme stimmt, dass an der Bildung der Haarfarben mehr als zehn Genpaare beteiligt und diese zudem an drei verschiedenen Genorten lokalisiert sind, so lässt sich nicht exakt ausrechnen, wie viele Kombinationsmöglichkeiten es gibt. Unberechenbar sind sie auch deshalb, weil die Domestikation beim Haustier (und auch beim Menschen!) ein fortschreitender Prozess und noch keineswegs abgeschlossen ist. Mit neuen Mutationen ist immer wieder zu rechnen.

Die Möglichkeiten neuer Farben und Farbmuster sind beim Haushund vermutlich noch keineswegs erschöpft. Bedenken wir auch, dass bereits vorhandene Farbmuster von der offiziellen Kynologie nicht zur Kenntnis genommen werden. Ich erwähne etwa den gelb oder gar gelb und schwarz getupften Dalmatiner, die »blauen« gefleckten Doggen, die dreifarbigen Vorstehhunde und andere mehr. Eine ähnliche Vielfalt der Farben und Farbmuster finden wir unter den Haustieren nur noch bei der Taube, weil auch hier wirtschaftliche Interessen nie im Vordergrund der angestrebten Zuchtziele standen. Da wo beim Haustier nur noch der wirtschaftliche Nutzen zählt, wird die ehemals vorhandene Vielfalt der Rassen mehr und mehr eingeschränkt. Ich erinnere etwa an die ehemals bunte Schar der Hühnerrassen, die heute mehr und mehr von uniformierten Leistungshybriden verdrängt wird. Hoffen wir, dass dem Hund unter dem Einfluss der Schlagwörter »Qualzucht« und »Zurück zur Natur« nicht in absehbarer Zeit ein ähnliches Schicksal droht.

## VIELFALT DER HAARARTEN
*Umwelt und Mutationen*

Wann die ersten Mutationen der Fellstruktur auftraten, wissen wir nicht. Alle Hundedarstellungen in den ägyptischen Königsgräbern und alle neolithischen Felsmalereien in Spanien zeigen ausnahmslos kurzhaarige Hunde. Einzig der in Abb. 18 auf Seite 42 gezeigte Hund auf einer neolithischen Felszeichnung im Tassili Gebirge in Algerien zeigt ein extrem struppiges Fell. Weil aber der Zeichner einen Hund mit einem mehrfach geringelten Schwanz - den es mit Sicherheit nie gab - gezeichnet hat, sind Zweifel angebracht, ob hier tatsächlich ein rau- oder gar langhaariger Hund verewigt werden sollte. Vielleicht wollte der Zeichner damit irgendeine Mitteilung an die Betrachter der Zeichnung vermitteln.

Bevor der Mensch experimentell ins Genom der Pflanzen und Tiere eingriff und durch Genmanipulationen künstliche Mutanten erzielte, konnten weder Mensch noch Klima oder andere Umweltfaktoren die Erbmasse beeinflussen. Sie bestimmten lediglich, welche durch eine Mutation entstandene Änderung zum Überleben tauglich und was untauglich war.

Ein kurzhaariges Boxerpaar wird auch im Hohen Norden kurzhaarige Nachkommen haben. Sollte sich aber darunter zufällig ein Welpe mit einer dichteren Unterwolle befinden, so hat er die größeren Überlebenschancen als seine Geschwister, denen dieser Kälteschutz fehlt. Die Meinung, aus einem kurzhaarigen Boxer würde unter dem Einfluss der Kälte nach etlichen Generationen ein woll- oder langhaariger Boxer entstehen, ist ein Irrtum. Und ein langhaariges Neufundländerpaar erzeugt auch in den Tropen langhaarige Nachkommen, die allerdings hier gegenüber kurzhaarigen Hunden benachteiligt sind und ohne menschliche Hilfe nicht überleben könnten.

So finden wir ursprünglich überall auf der Erde unter den gleichen Umweltbedingungen gleiche Hundetypen und dies nicht, weil Umwelteinflüsse die primäre Ursache waren, sondern weil unter vielen Mutanten jeweils nur diejenigen überleben konnten, die der Umwelt am besten angepasst waren. Leider wurden in diesem Zusammenhang die so genannten Parias nie eingehend wissenschaftlich untersucht. Heute ist es für solche Forschungen zu spät, weil diese »Straßenhunde« überall durch eingeschleppte, nicht an Ort und Stelle heimische Rassen vermischt worden sind.

## DIE WICHTIGSTEN FELLTYPEN (Abb. 42)
*Stockhaar*

Das Fell des Wolfes besteht aus zwei Haarschichten, dem steifen Deckhaar und der darunter liegenden Unterwolle. Wir bezeichnen diese Fellstruktur allgemein

*Abb. 42. Die wichtigsten Felltypen des Haushundes.
Aus Althaus und Nussbaumer, »Vom Torfhund zum Rassehund«, 1983.*

als Stockhaar. Beim Wolfsfell, das wir als Normalfell bezeichnen wollen, stehen die Haare büschelweise in den Haarbalgtrichtern der Haut.

Eine solche Haargruppe besteht aus einem kräftigen, leicht gekrümmten Haupt- oder Leithaar und zwei kleineren Nebenhaaren, den Grannen. Um diese Stammhaare gruppieren sich bis zu zwölf schwächere Beihaare. Die Haupt- und Grannenhaare bilden das gerade, mitunter auch leicht gewellte Deckhaar, gewellt deshalb, weil die Grannenhaare bisweilen spindelförmig verdickt sind. Die feinen Beihaare bilden beim Wolf eine dichte, wärme- und kälteisolierende Unterwolle. Daneben besitzt der Wolf an den Wangen, Lippen und über den Augenbogen Tasthaare, die mit sensiblen Nervenendungen verbunden sind und ihm vermutlich das nächtliche Streifen in hohem Gras und Unterholz erleichtern.

Diese ursprüngliche Haarstruktur besitzen viele Hunderassen, zum Beispiel der Deutsche Schäferhund, die Schweizer Sennenhunde und die meisten alten Hirten- und Bauernhunde, ferner alle nordischen Hunderassen. Charakteristisch für diesen Haartyp sind die verkürzten Haare im Gesicht, an den Ohren und den Läufen. Oft sind die Haare an der Rute etwas verlängert, bilden aber keine Fahne. Im Laufe der Domestikation wurde dieses ursprüngliche Haarkleid vielen Veränderungen unterworfen, wovon hier nur die hauptsächlichsten Varianten, nicht aber die zahlreichen Zwischenstufen, aufgeführt werden sollen.

### *Langhaar*

Das Deckhaar ist verlängert, bleibt aber relativ grob. Es kann leicht gewellt oder auch schlicht herabfallend sein, die Unterwolle ist dicht. Im Gesicht bleibt das Haar kurz, ebenfalls, abgesehen von der«Fahne» auf der Hinterseite der Vorderläufe, an den Läufen und Pfoten. An der Rute ist das Haar deutlich verlängert, wobei die Haare an der Unterseite der Rute länger sind als auf der Oberseite. Typische Langhaar-Hunde sind der Neufundländer, der Berner Sennenhund und verschiedene weiße Hirtenhunde.

Sind die Deckhaare dünn, so entsteht ein lockeres, glatt fallendes Langhaar. Ein Beispiel hierfür sind die Setter.

Die Grannenhaare können aber auch recht derb sein, sie stehen dann steif vom Körper ab, wie zum Beispiel bei den Spitzen.

### *Seidenhaar*

Werden Deckhaar und Wollhaar lang und dünn, vermehren sich die Beihaare auf Kosten der Stammhaare, so entsteht ein reichliches Seidenhaar, das dann auch am Kopf und an den Läufen lang ist und um die Schnauze und am Kinn einen langen »Ziegenbart« bilden kann. Ein Beispiel für einen seidenhaarigen Hund sind der Malteser und der Yorkshire Terrier.

## *Kraushaar und Zotthaar*
Dreht sich der Haarschaft spiralförmig, dann entsteht ein Kraushaar, das zur Verfilzung neigen kann, weil die ausfallenden Haare an den festsitzenden Haaren hängen bleiben.

Es muss hier auf eine immer wieder gehörte Züchterbehauptung hingewiesen werden, die da lautet: »Unsere Rasse haart nicht.« Jeder Hund erneuert sein Haar, freilich ist dieser Haarwechsel bei vielen Hunden, die ständig in einer klimatisierten Wohnung leben, nicht mehr saisonal, sondern ein dauernder Prozess. Eine Rasse, die nicht haart, gibt es nicht.

Werden die ausfallenden Haare nicht ausgekämmt, so verfilzen sie zu Schnüren und Platten. Ist die Drehung des Haarschaftes nur gering und bleibt das Deckhaar lang und relativ grob, so entstehen lange, zottige Haarsträhnen. Wird der Hund nicht regelmäßig gekämmt und gebürstet, so bilden sich vor allem dann, wenn das Wollhaar das Deckhaar überwuchert, mit der Zeit dicke Filzplatten, unter denen Hautentzündungen entstehen können.

Eine Sonderform des Zotthaares ist die so genannte »Pusztabehaarung«, der ungarischen Hirtenhunde Komondor und Puli. Bei ihnen weist der Haarschaft Einschnürungen auf, es entsteht ein »Spindelhaar«. Th. Lochte (zitiert in E. Mohr, 1956) spricht von einer »Krüppelform« des Haares, zudem gibt es zwischen Grannen- und Wollhaaren kaum mehr einen Unterschied. Die ausfallenden Haare bleiben an den spindelförmigen, noch fest sitzenden Haaren kleben, und es bilden sich lange Zotten und Platten aus abgestorbener Unterwolle.

## *Rauhaar, Drahthaar, Stichelhaar*
Die drei Bezeichnungen stehen für die gleiche Haarstruktur, die Unterschiede sind gering und gehen fließend ineinander über.

Wird das Deckhaar länger und gröber als beim ursprünglichen Stockhaar, so spricht man von Rauhaar, Drahthaar oder Stichelhaar. Rauhaar kann kurz sein und kaum vom Stockhaar unterscheidbar, aber auch lang und strähnig werden. Charakteristisch für Rauhaar ist die Verlängerung des Haars am Kopf, wo es über den Augenbogen mehr oder weniger lange Brauen und um die Schnauze einen Bart bildet.

## *Kurzhaar*
Durch eine verschiedengradige Verkürzung des Deckhaars und eine Rückbildung des Wollhaars entsteht das Kurzhaar. Die Rückbildung des Wollhaars kann so weit gehen, dass nur noch das kurze Deckhaar vorhanden ist und dem Hund ein genügender Kälte- und Wärmeschutz fehlt.

In der Kynologie wird die Bezeichnung Kurzhaar sehr uneinheitlich gebraucht, so ist zum Beispiel der »kurzhaarige« Bernhardiner in Wirklichkeit ein »stockhaariger« Hund.

## *Nackthunde*

Ein mutiertes, unvollständig dominantes Gen verhindert die Ausbildung eines vollständigen Fells. Völlig nackt sind diese Nackthunde freilich nicht. Sie haben einen mehr oder weniger ausgeprägten Haarschopf auf dem Kopf, der beim Mexikanischen Nackthund kurz und fast etwas borstig, beim Chinese Crested Dog jedoch lang und seidig ist. Letzterer hat zudem lange seidige »Socken« und an der Rute eine lange Fahne. Der Faktor für Nacktheit ist immer mit einem Faktor für Zahnverlust gekoppelt, so dass Nackthunde nie ein vollständiges Gebiss haben (Abb. 43). Weil es sich um ein unvollständig dominantes Gen handelt, entstehen in der Zucht von Nackthunden drei verschiedene Genotypen:

1. Hunde, die das Gen für Nacktheit doppelt, also homozygot haben, sind nicht lebensfähig. Sie sterben bereits vor oder in den ersten Tagen nach der Geburt.
2. Die heterozygoten Hunde sind lebensfähig und ganz oder teilweise nackt.
3. Dem dritten Genotyp fehlt das Gen für Nacktheit. Diese Hunde sind voll behaart (Powder Puffs) und haben ein vollständiges Gebiss.

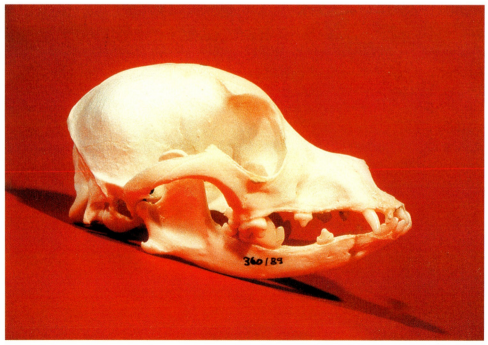

*Abb. 43. Nackthunde haben nie ein vollständiges Gebiss.*
*Foto: M. Nussbaumer.*

*Zusammenfassend:*
Wie bei den Haarfarben, so gibt es auch bei den Haarstrukturen viele, zum Teil erheblich vom ursprünglichen Fell des Wolfes abweichende Mutationen. Was ich hier aufgeführt habe, sind nur die wichtigsten, auf eine Beschreibung der vielen Zwischenstufen habe ich verzichtet. Wie bei den Haarfarben, so beeinflussen auch bei den Haarstrukturen modifizierende Faktoren die Ausformung eines bestimmten Fells. Ein Langhaar kann sehr lang und seidig sein, aber auch relativ kurz und derb. Unter Züchtern zirkulieren zudem Bezeichnungen wie »Ziegenhaar«, die sich problemlos in eine der aufgeführten Varianten einordnen lassen.

Im Gegensatz zu den Haarfarben, die mit wenigen Ausnahmen (Merlefaktor!) für die Gesundheit des Hundes belanglos sind, kann dies nicht von allen Haararten gesagt werden. Übertreibungen rassetypischer Haarstrukturen kommen leider recht häufig vor. Übertreibungen, die dem Hund, sofern er nicht richtig gepflegt wird, gesundheitliche Probleme verursachen und auch solche, die den »Ausstellungshund« in seiner Bewegungsfreiheit erheblich einschränken, weil sonst das gewünschte lange Haarkleid Schaden nimmt. Es ist ohne Zweifel eine wichtige Aufgabe der zuständigen Rasseclubs, diese Rassemerkmale wieder auf ein vernünftiges Maß zu reduzieren.

## VIELFALT DER SCHÄDELFORMEN

Die Vielfalt der Hundeschädel hinsichtlich Größe und Form ist beeindruckend; kein anderes Haustier weist eine derart große Variabilität der Schädelformen auf (Abb. 44). Bei einigen ist die Abweichung vom ursprünglichen Canidenschädel so groß, dass die Gesundheit des Hundes beeinträchtigt wird und deshalb eine Rückzüchtung auf ein verantwortbares Maß angestrebt werden muss. Ich werde später nochmals auf diese Extremformen zurückkommen.

Ein wichtiges Unterscheidungsmerkmal zwischen Wolf- und Haushundeschädel sind die Proportionen der einzelnen Abschnitte Maxillarlänge (Mx), Palatinumlänge (PL) und Hirnstammbasis (HB) zur gesamten Basilarlänge (BL) des Schädels (Abb. 45). Der Schädel des Wolfes wird dabei als mesocephal (mittlerer oder normaler Schädel), ein verkürzter Schädel als brachycephal und ein verlängerter Schädel als dolichocephal bezeichnet.

Diese Bezeichnungen sind allerdings insofern problematisch, als sie sich lediglich auf die Verhältnisse zwischen Längen und Breiten der Schädel beziehen. So schlagen Lüps und Huber an Stelle dieser Bezeichnungen eine Klassifizierung in normal-, kurz- und langschnauzig vor. Bei allen Haustieren wird die Schädelgröße wesentlich durch die Körpergröße bestimmt. Kleine Tiere eines

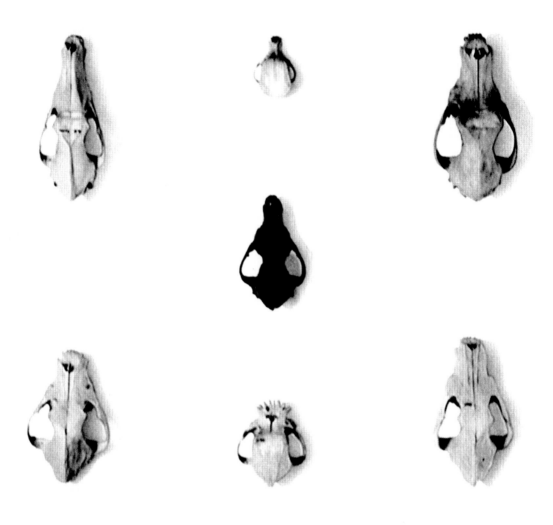

*Abb. 44. Die Schädel heutiger Hunde zeigen eine enorme Größenvariabilität. Aus Althaus und Nussbaumer, 1983.*

Verwandtschaftskreises haben relativ größere Köpfe und deshalb auch ein größeres Hirnvolumen als große Tiere (vergleiche auch Shetland Pony und Araberpferd). Auf den Hund bezogen heißt dies, dass Zwerghunde verhältnismäßig größere Schädel haben als große Rassen, und weil die relativ große Schädeldecke der Kaumuskulatur eine genügend große Ansatzfläche bildet, bleibt die Ausbildung der Scheitelleiste, für die offensichtlich kein eigenes Gen besteht,

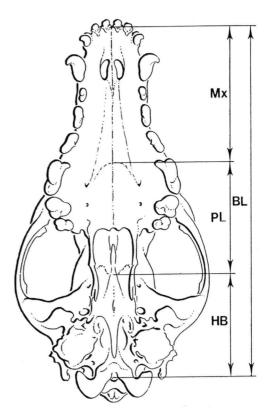

*Abb. 45.
Schädelbasis des Haushundes
mit den gebräuchlichen
Längenmaßen:
BL=Basilarlänge,
HB=Hirnstammbasis,
Mx=Maxillarlänge,
PL=Palatinumlänge.*

aus. Sie wird durch die Kaumuskulatur induziert, ist also größenabhängig und nicht unbedingt ein Rassenmerkmal.

Neben die physiologisch bedingten Unterschiede treten rassemäßige Formeigentümlichkeiten, wie wir sie sonst bei keinem Haustier finden. Aber auch innerhalb der gleichen Rasse lassen sich zum Teil recht auffällige Unterschiede feststellen. Nussbaumer hat dies anhand einer Untersuchung an 60 Schädeln von Berner Sennenhunden nachgewiesen. Kleine Rüden sind deutlich langschnauziger als große Rüden, die oft schon deutlich doggenartige Schädel haben (Abb. 46). Die größeren Hündinnen dagegen liegen im Bereich der normalschnauzigen (mesocephalen) Schädel. Beim Berner Sennenhund verkürzt sich die relative Schnauzenlänge mit zunehmender Schädelgröße. Da der Berner Sennenhund sicher kein Einzelfall darstellt, kann diese Gesetzmäßigkeit wohl auch auf andere Rassen übertragen werden.

Auch hinsichtlich des relativen Hirnvolumens gibt es von Rasse zu Rasse Unterschiede. Huber und Lüps verglichen die Schädel von 13 Battakhunden, einer primitiven Hunderasse der Battaker auf Sumatra, die erstmals von M. Siber 1886 beschrieben wurden, mit 11 Schädeln heutiger Chow Chows, 6 Paria-

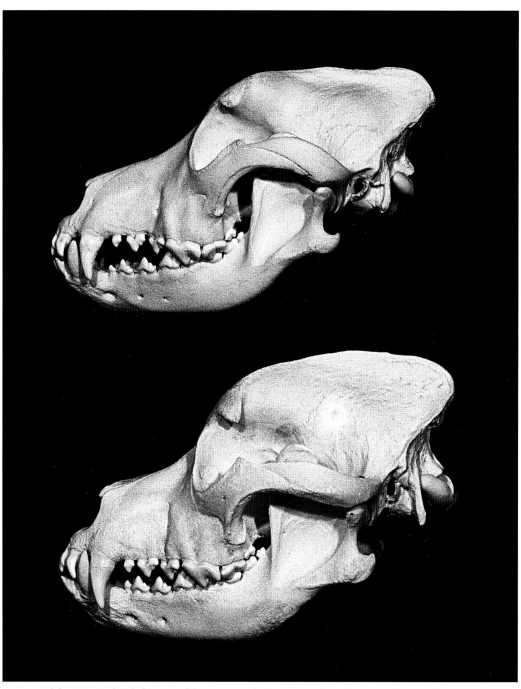

*Abb. 46. Schädel eines kleinen und eines großen Berner Sennenhundes. Je größer der Schädel, umso »doggenähnlicher« wird er. Foto: M. Nussbaumer.*

schädeln aus Ägypten und 11 Torfhundschädeln aus der Station Lattrigen am Bielersee mit 12 Schädeln von Goldschakalen. Alle untersuchten Schädel waren von vergleichbarer Größe. Alle vier Typen wiesen ein kleineres relatives Hirnvolumen auf als moderne Hunderassen vergleichbarer Größe.

Erstaunlich ist dabei, dass der heutige Chow Chow, der die größte Schädelbreite der untersuchten Hunde aufweist, ein kleineres Hirnvolumen hat als andere Rassehunde. Er steht, gemeinsam mit den Battakhunden und den Parias, dem Schakal näher als andere Hunderassen.

Der Torfhund nimmt eine Mittelstellung zwischen Chow Chow und heutigen Hunderassen vergleichbarer Größe ein. Trotz generationenlanger Reinzucht müsste man den Chow Chow bezüglich seines Hirnvolumens zu den so genannten »Primitivrassen« rechnen. Ob dies auch auf andere Hunderassen, zum Beispiel die Nordischen Schlittenhunde, zutrifft, ist nicht bekannt.

Es sei aber betont, dass das Hirnvolumen kein Gradmesser für die psychische Leistungsfähigkeit eines Hundes ist, der Chow Chow ist nicht »dümmer« als andere Hunde. (Einstein hatte bekanntlich ein relativ kleines Gehirn!) Die Untersuchungen der beiden Morphologen ergaben zudem eine signifikante Beziehung zwischen Kopf und Rumpflänge. Als Bezugsmaß wurde die Länge der Hirnstammbasis genommen, die wenig variabel ist. Untersucht wurden 100 Hundeskelette und Schädel verschiedener normal-, kurz- und langschnauziger Rassen. Dabei zeigte sich, dass eine Korrelation zwischen der Länge der Hirnstammbasis und der Rumpflänge, insbesondere der Beckenlänge besteht. Von der Länge der Hirnstammbasis kann deshalb auf die Rumpflänge eines Hundes geschlossen werden, nicht aber auf die Widerristhöhe.

### *Brachycephale - kurzköpfige - kurzschnauzige Hunde*

Eine der ersten Abweichungen vom Normaltyp des Canidenschädels ist die Verkürzung des Gesichtsschädels. Sie gilt bei prähistorischen Funden als sicheres Merkmal eines domestizierten Hundes.

Extrem kurzschnauzige Hunde gab es offensichtlich beim Torfhund nicht, jedenfalls fehlen entsprechende Funde. Wir finden sie weder auf neolithischen Felsmalereien noch auf den Hundeabbildungen in den ägyptischen Pharaonengräbern. In Mesopotamien wurde jedoch eine Terrakottaplastik aus der Zeit von 1.750-1.500 v. Chr. gefunden, die einen Hundekopf mit extrem kurzer Schnauze darstellt. Ob es sich hier um eine naturgetreue Wiedergabe oder aber um eine gewollte Übertreibung handelt, lässt sich nicht entscheiden (Abb. 47).

Die Tendenz zur Verkürzung des Oberkiefers und Verbreiterung des Schädels über den Jochbogen ist latent bei vielen heutigen Hunderassen (zum Leidwesen der Züchter!) vorhanden. So könnte man ohne große Schwierigkeiten innerhalb

*Abb. 47. Terrakotta aus Mesopotamien, 1.750-1.500 v. Chr. Ob es sich um eine naturgetreue Abbildung eines Hundekopfes handelt oder die Kurznasigkeit übertrieben dargestellt ist, ist fraglich. Foto: R. Trainin, Tel Aviv.*

weniger Generationen aus den Schweizer Sennenhunden Hunde mit doggenähnlichen Köpfen züchten.

Recht häufig tritt bei Rassen, von denen der Standard ein »Scherengebiss« fordert, eine leichte Verkürzung des Oberkiefers ohne gleichzeitige Verkürzung des Unterkiefers auf, es entsteht ein »Vorbiss«, das heißt, die unteren Schneidezähne stehen vor den oberen (Brachygnathie).

Umgekehrt führt eine Verlängerung des Unterkiefers ohne Verlängerung des Oberkiefers zu einem »Unter- oder Rückbiss« (untere Prognathie).

Verkürzt sich nur der Unterkiefer ohne gleichzeitige Verkürzung des Oberkiefers, so ergibt dies eine untere Brachygnathie, also ebenfalls einen »Unter- oder Rückbiss«. Der Züchter unterscheidet freilich nicht zwischen unterer Prognathie und unterer Brachygnathie, ihm genügt die Bezeichnung »Unter- oder Rückbiss«. Genetisch handelt es sich aber um zwei verschiedene Formen von Kieferanomalien.

Die Verkürzung des Gesichtsschädels erfolgt vor allem im caudalen Gaumenbereich (caudal = schwanzwärts). Gleichzeitig erfolgt ein Aufbiegen der Schnauzenpartie und eine Verbreiterung des Schädels im Bereich der Jochbogen. Der Schädel kann aber auch breiter werden, ohne dass sich die Schnauze verkürzt. Ein Beispiel hierfür ist der ursprüngliche Chow Chow. Die heutigen Chow

*Abb. 48. Schädel eines Mittelschnauzers und Schädel einer Bordeaux Dogge mit eingezeichneter Hirnstammbasis.*
*Albert Heim Stiftung, Fotos: M. Nussbaumer.*

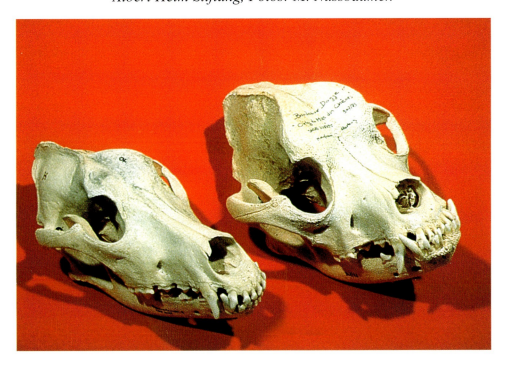

Chows haben gegenüber den Chows vor 50 Jahren eine deutlich verkürzte Schnauze.

Huber (1974) ist der Frage nachgegangen, ob es sich bei der Brachycephalie um eine Verkürzung der gesamten Schädelbasis oder nur um eine Verkürzung des Gesichtsschädels handelt. Als Grundmaß nahm er wiederum die Hirnstammbasis, die den stammesgeschichtlich alten und konservativen Hirnstamm unterlagert. Sie ist relativ stabil, das heißt, bei einem kurzschnauzigen und einem normalschnauzigen Hund gleicher Größe ist die Hirnstammbasis annähernd gleich lang (Abb. 48).

Sie ist bei brachycephalen Rassen nicht verkürzt. Bei großen Rassen mit oberer Brachygnathie (Verkürzung des Oberkiefers) sind Maxillae und Palatinum verkürzt, bei kurznasigen Zwerghunden dagegen ist vor allem der hintere Abschnitt des Gesichtsschädels stark verkürzt.

Brachycephalie beruht demnach auf zwei verschiedenen topogenetischen Mustern. Wenn die Verkürzung des Gesichtsschädels beim Pekingesen extremer erscheint als zum Beispiel bei einem Boxer, so liegt der Grund darin, dass beim Pekingesen der hintere Teil des Gesichtsschädels stärker reduziert wird als beim Boxer. Das gilt für alle kurznasigen Zwerghunde mit einer Hirnstammbasislänge unter 40 mm.

## *Dolichocephalie - langköpfig - langschnauzig*

Barsois und Collies gelten als extrem langköpfige Hunde. Lüps und Huber sind der Frage nachgegangen, ob es sich bei diesen Rassen tatsächlich um eine echte Verlängerung des Schädels handelt. Sie nahmen wiederum die Hirnstammbasislänge als Grundmaß. Setzt man die Basilarlänge des Schädels mit der Länge der Hirnstammbasis in Beziehung, so zeigt sich, dass weder Barsoi noch Collie in Bezug auf die Schädellänge eine Sonderstellung einnehmen. Die Schnauze ist nicht verlängert, sie ist sogar kürzer als bei einem gleich großen Schädel eines Deutschen Schäferhundes.

Verglichen mit dem Wolf ist beim Barsoi die Palatinumlänge verkürzt, die Maxillarlänge dagegen verlängert. Die Gesamtlänge der Schädelbasis ist jedoch bei Barsoi und Wolf unverändert. Die Schnauze des Barsois ist demnach nicht verlängert, sondern sogar kürzer als bei einem Wolf vergleichbarer Größe.

Dagegen liegt eine starke Verschmälerung des Schädels im Bereich über den Jochbogen und der Schnauze vor. Entsprechend dem schmalen Schädel erstreckt sich das Gehirn stark nasalwärts und ist wie ein Schiffskiel zugespitzt.

Eine echte Dolichocephalie konnten Lüps und Huber weder beim Barsoi noch bei anderen Windhunden oder dem Collie nachweisen. Die »langschädeligen« Rassen haben nicht einen verlängerten, sondern einen extrem schmalen Schädel.

Dem schmalen Schädel entspricht beim Barsoi ein leptosomer Konstitutionstyp, die Rumpfbreite ist deutlich geringer als bei gleich großen Hunden anderer Rassen.

## VARIABILITÄT DER KÖRPERFORMEN

Im Laufe der Domestikation wurde die ursprüngliche Körperform des Wolfes beim Hund in verschiedener Hinsicht verändert. Beim Wolf verhält sich die Widerristhöhe zur Körperlänge (Brustbeinspitze bis Sitzbeinhöcker) ungefähr wie 1:1,3. Diesem Verhältnis entspricht die Körperform vieler alter Gebrauchshunderassen, insbesondere der Deutschen, Belgischen, Holländischen und Französischen Schäferhunde, aber auch vieler alter Hirtenhunde. Auch vom Torfhund nimmt man an, dass er ebenfalls ein schwach rechteckiges Körperformat hatte (Abb. 49).

Diese ursprünglichen Körperproportionen des wendigen und ausdauernden Lauf-Raubtieres Wolf wurde bei vielen Rassen meistens zu Ungunsten der Leistungsfähigkeit verändert. So gibt es recht viele Rassen, bei denen das Verhältnis Widerristhöhe zur Körperlänge 1:1 ist. Dazu gehören zum Beispiel die Schnauzer, viele hochläufige Terrier, die Pudel und die Spitze. Eine Beeinträchtigung der Ausdauer beim Laufen tritt bei dieser recht geringfügigen Veränderung vom leicht rechteckigen zum quadratischen Körperformat kaum ein.

Selten sind Körperformen, die sich in ein hochgestelltes Rechteck einfügen, ein Beispiel hierfür ist der Azawakh Windhund aus Mali, bei dem sich die Körperlänge zur Widerristhöhe wie 0,9:1 verhält. Auch bei diesem Format bleibt die Leistungsfähigkeit erhalten.

Nebst der Veränderung der Proportionen von Länge zur Widerristhöhe wurde die Lage der Rückenlinie verändert. Es gibt vorne überbaute Hunde, zum Beispiel den Boxer, bei dem Untersuchungen von E. Seiferle gezeigt haben, dass vor allem die stark überbauten Rüden, die offenbar als besonders schön empfunden werden und deshalb auf den Ausstellungen in den vordersten Rängen stehen, sehr häufig im Alter an Spondylose (arthritische Veränderung der Wirbelsäule) leiden.

Die stark abfallende Rückenlinie, wie sie heute auf Ausstellungen vom Deutschen Schäferhund gefordert wird, entspricht ebenfalls nicht mehr dem ursprünglichen Gebäude und ist eine unnatürliche Überbetonung eines falschen Schönheitsideals, die früher oder später zu mehr oder weniger schwerwiegenden Defekten führen wird.

Als eher hässlich empfinden wir hinten überbaute Hunde, zumal sie sehr häufig noch einen so genannten »Senkrücken« haben. Wir finden solche Hunde

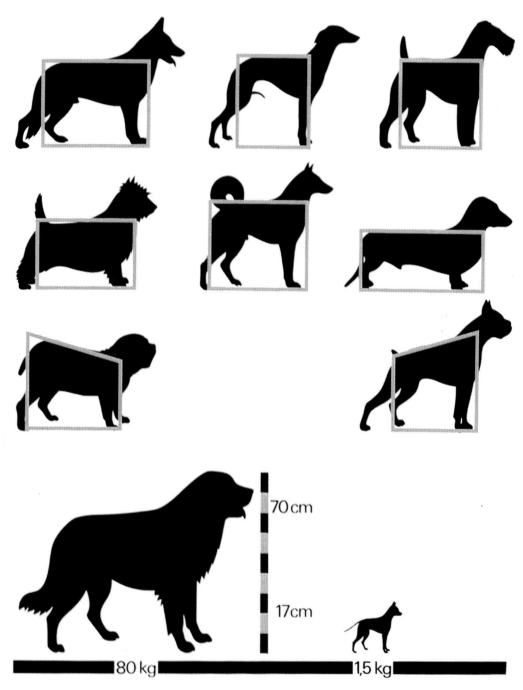

*Abb. 49. Verschiedene Körperformen des Hundes.
Aus Althaus und Nussbaumer, 1983.*

unter den primitiven Doggenarten wie dem Perro de Presa Mallorquin, Fila Sao Miguel, Perro de Presa Canario und dem Mastino Napoletano.

Auf vielen alten Bildern sehen wir hinten überbaute Hunde. Diese Form wurde jedoch offenbar immer als unschön empfunden, und die alten Züchter, deren Schönheitsideal ohnehin ein Hund war, der möglichst die gleichen Körperformen aufwies wie ein edles Pferd, richteten ihr Zuchtziel auf Hunde, deren Widerrist leicht höher lag als die Kruppe.

Neben dem Längen-Höhenverhältnis wurde auch die Körperbreite verändert. Eine Einteilung der verschiedenen Rassen in »Physiologische Konstitutionstypen«, wie wir sie etwa beim Menschen kennen, ist freilich nicht leicht, die Übergänge sind fließend.

Der *Leptosome Typ* ist mager, hat einen schmalen und flachen Brustkorb, einen schmalen Kopf und einen stark aufgezogenen Bauch. Am ausgeprägtesten entspricht der Barsoi diesem Typ.

Das Gegenteil ist der *Pyknische Typ*. Er hat eine gedrungene Figur, ein breites Gesicht, der Kopf sitzt auf einem kurzen Hals, er besitzt einen tiefen und gewölbten Brustkorb, Brustbein und Bauchlinie bilden eine Gerade. Diesem Typ entsprechen die schweren Doggenrassen.

Als dritter Typ wäre der *Athletische Typ* zu nennen. Er hat eine plastisch hervortretende Muskulatur, einen stattlichen Brustkorb, einen straff aufgezogenen Bauch, trägt den Kopf hoch. Der Widerrist liegt deutlich höher als die Kruppe, der Hals ist relativ lang und »trocken« und der Rumpf verjüngt sich leicht nach hinten. Ein Musterbeispiel für diesen Typ ist der Deutsche Boxer. Aber auch gute trainierte Greyhounds und verschiedene Jagdhunderassen sind »Athleten«, sofern sie durchtrainiert sind.

## *Chondrodystrophe Hunde*

Kurzbeinige Hunde traten offenbar schon sehr früh in der Geschichte des Haushundes auf. Berühmt geworden ist das Bild einer gescheckten Hündin mit Stehohren und kurzen Läufen in einem Pharaonengrab der 12. Dynastie (ca. 2.000 vor unserer Zeitrechnung) in Beni Hassen. Es zeigt einen »Pharaonenhund« mit Dackelläufen (Abb. 50).

Im Grab des Pharaos Chnemhotep sind kleine Menschen mit zwerghaften Hunden abgebildet, doch man muss bei der Interpretation dieser Bilder vorsichtig sein, weil die alten Ägypter, wie Strebel sagt, »die Verschiedenheit der Größe zum Ausdruck der geistigen und körperlichen Überlegenheit benutzten.«

Kurzbeinige Hunde gab es ebenfalls in Europa bereits im Neolithikum. In Veldenheim (Deutschland) wurden die Laufknochen eines kurzbeinigen Hundes gefunden, für den eine Widerristhöhe von etwa 37 cm errechnet wurde (Wider-

*Abb. 50. Dackelläufiger »Pharaonenhund«, ca. 2.000 v. Chr.
Aus R. Strebel, 1905.*

risthöhe eines heutigen Dackels der Normalgröße ab 35 cm).

Kurzläufige Hunde hatten auch die Inkas in vorkolumbianischer Zeit. Man darf wohl annehmen, dass zwischen den Hunden der Pharaonen und den Hunden der Inkas keine verwandtschaftliche Beziehung bestand. Die Mutation muss unabhängig voneinander an verschiedenen Orten und zu verschiedenen Zeiten entstanden sein.

Beim chondrodystrophen Hund (und beim Menschen) sind vor allem die Extremitäten von der Verkleinerung betroffen. Die großen Röhrenknochen Oberschenkel und Oberarm, aber auch Schienbein, Elle und Speiche, beenden ihr Wachstum vorzeitig. Vorder- und Hinterläufe bleiben kurz, der übrige Körper jedoch entwickelt sich normal. Körper und Extremitäten stehen jetzt in einem Missverhältnis zueinander, wir bezeichnen diese Wuchsform als *unproportionierte Zwerge*. Chondrodystrophie ist ein erblicher Defekt, der Erbgang ist unklar, sicher ist jedoch, dass aus einer Paarung zweier chondrodystropher Individuen wiederum chondrodystrophe Nachkommen entstehen. Chondrodystrophie konnte deshalb problemlos zu einem Rassemerkmal werden.

Die Verkürzung der Extremitäten ist Folge einer embryonalen Entwicklungsstörung, der Chondrodystrophia fetalis (Chondro = Knorpel, dys = miss, trophie = Ernährung), bei der die Knorpel- und Knochenbildung gestört sind. Die Epiphysen (Knochenenden) wachsen zu früh mit dem Knochenschaft, der häufig noch gekrümmt ist, zusammen. Nicht betroffen von dieser Störung ist die Knochendicke. Chondrodystrophie ist häufig beim Dackel - und vermutlich auch beim English Bassethound - mit einer Verkürzung im Bereich des Hirnschädels, nicht aber im Bereich der Schnauze verbunden. Häufig tritt sie gleichzeitig mit Kurzschnauzigkeit auf, so etwa beim Pekingesen, Shih Tzu und beim Tibet Spaniel. Auch chondrodystrophe Menschen haben häufig eine »Sattelnase«, wodurch dann ein »Mopsgesicht« entsteht.

Häufig treten bei Chondrodystrophie auch Degenerationen im Bereich der Zwischenwirbelscheiben auf. Je nach Grad und Ausmaß dieser Degeneration kommt es früher oder später zum Diskusprolaps mit Lähmungserscheinungen, bekannt unter dem Namen »Dackellähme« (Hunde neigen ohnehin zu Diskopathien, weil bei ihnen der Anteil der Zwischenwirbelscheiben an der ganzen Wirbelsäule 17,5 % beträgt. Bei der Katze sind es nur 11 %).

Bereits kurz nach der Geburt wird beim Dackel der Kern der Bandscheibe, der ursprünglich aus einer gelantineartigen Masse besteht, zu Knorpel umgewandelt. Die Bandscheiben erfüllen nun ihre Aufgabe als Stoßdämpfer nur noch ungenügend, und durch die Stöße werden bei natürlicher Bewegung die Knorpelzellen gedrückt und gehen allmählich zugrunde. An ihre Stelle wird Kalk eingebaut. Diese Verkalkung ist die primäre Ursache der Dackellähme. Da aber offensichtlich nicht bei allen Dackeln die Bandscheiben verkalken, stellt sich die Frage, ob dafür eine genetische Veranlagung besteht, die durch züchterische Maßnahmen bekämpft werden kann.

B. Havranek (1981) hat 45 Dackel im Abstand von 1 bis 5 Jahren zweimal geröntgt und festgestellt, dass die Verkalkung bereits im Alter von einem Jahr einsetzen kann. Die Nachzuchtkontrollen an 30 Würfen mit insgesamt 94 Nachkommen ergaben, dass aus einer Paarung zweier Dackel ohne Verkalkungen 30,4 % der Nachkommen Verkalkungen aufwiesen, wenn beide Elterntiere bereits Verkalkungen zeigten, steigt der Prozentsatz der erkrankten Nachkommen auf 83,3 %. Eine erbliche Verankerung ist damit bewiesen. Weil die beginnende Degeneration schon im Alter vor einem Jahr, also vor dem zuchtfähigen Alter festgestellt werden kann, könnten Hunde mit beginnender Verkalkung von der Weiterzucht ausgeschlossen werden. Eine Bekämpfung der Dackellähme ist mit zuchthygienischen Maßnahmen durchaus möglich, nur tut dies bis heute niemand.

*Zusammenfassend:*
Verglichen mit der großen Variabilität des Kopfskeletts, der Haarstrukturen und der Haarfarben, halten sich die Abweichungen der Körperform gegenüber dem Wolf in realativ engem Rahmen.

Bei allen Veränderungen der Körperproportionen ist der anatomische Grundbauplan des hetzjagenden Caniden unverkennbar erhalten geblieben. Skelett, Muskulatur, Eingeweide und Haut wurden, wenn auch mehr oder weniger verändert, beibehalten.

Trotzdem muss die Frage gestellt werden, ob sich das genetisch verankerte Bewegungsbedürfnis des ursprünglichen Lauf-Raubtieres den veränderten Körperformen angepasst hat.

Einfach gesagt: Weiß der extrem pyknische Englische Bulldog, der pyknische Mops, der bis 130 kg schwere Mastin Español oder der 100 kg schwere Bernhardiner, dass sein Körper ein Ausleben des Laufbedürfnisses nicht mehr erlaubt? Beobachtungen zeigen, dass dies offensichtlich nicht der Fall ist. Ein Bulldog oder Mops rennt los und kollabiert schon nach einer kurzen Strecke; ein 100 kg schwerer Bernhardiner bewältigt bei einer Ausstellung den Weg von der Box zum Richterring nicht mehr! Und da kommt unweigerlich die Frage, ob der Hund an dieser Diskrepanz zwischen Wollen und Können leidet. Sicher lernt er mit der Zeit, sich seinen Möglichkeiten anzupassen. Dennoch muss man sich fragen, wie weit krasse Abweichungen von der ursprünglichen Körperform noch tolerierbar sind und wo heute die zum Schlagwort gewordene »Qualzucht« beginnt.

Die Frage ist gestellt, Hundezüchter und kynologische Organisationen, allen voran die Fédération Cynologique Internationale, müssen sich dieser Frage stellen.

## PHYSIOLOGISCHE VERÄNDERUNGEN
### Zerfall des ursprünglichen Brunstzyklus

Haushunde werden früher geschlechtsreif als Wölfe. Wir hatten schon Zwergschnauzer, die mit sechs Monaten erstmals läufig wurden, und ein fünf Monate alter Mittelschnauzer-Rüde deckte eine Hündin mit Erfolg.

In der Regel tritt die erste Läufigkeit der Hündinnen bei mittelgroßen Rassen im Alter zwischen acht und zwölf Monaten ein, bei großen Rassen etwas später, beim Wolf erst mit 21-24 Monaten.

Die jahreszeitliche Bindung der Paarungsbereitschaft besteht beim Hund nicht mehr, Hündinnen werden zu jeder Jahreszeit läufig und Rüden sind dauernd paarungsbereit. Hündinnen werden normalerweise in Abständen von sechs Monaten läufig, Wölfinnen in 12-monatigem Zyklus. Die Zahl der Welpen bei 30 von Sierts-Roth untersuchten Würfen von Zoo-Wölfen lag im Durchschnitt bei 5,83. Die gleiche Zahl erhalten wir, wenn wir den Welpendurchschnitt aller Rassen ausrechnen. Er gilt aber nur noch für mittelgroße Rassen, bei großen Rassen kann die Welpenzahl auf 22 Welpen steigen, bei Zwerghunden liegt sie im Durchschnitt unter drei Welpen. Die ursprünglichen Steuerungsmechanismen und Regulatoren des Fortpflanzungsgeschehens funktionieren beim Haushund nicht mehr (Abb. 51).

*Fortpflanzungsverhalten bei Riesen*
Wenn der große nordische Wolf an der Entstehung des Haushundes beteiligt war, dann gibt es keine riesenwüchsigen Rassen, denn man findet Wölfe mit einer Widerristhöhe bis zu 100 cm und einem Körpergewicht bis zu 80 kg.

Vieles deutet aber darauf hin, dass der Urahn des Haushundes unter den Wölfen mit einer Widerristhöhe zwischen 50-55 cm und einem Körpergewicht so um die 20 kg zu suchen ist. Dass Riesenwuchs als eine Extremform einzustufen ist, ergibt sich zum Beispiel aus der durchschnittlichen Lebenserwartung der großen Hunde, die knapp unter acht Jahren liegt. Ein Bernhardiner von zwölf Jahren hat schon Seltenheitswert, während ein Mittelpudel, Mittelschnauzer und andere mittelgroße Rassen ein Durchschnittsalter von ca. zwölf Jahren erreichen, 15-18 Jahre alte Mittelschnauzer sind keine Seltenheit. Der wichtigste Hinweis darauf, dass die Ahnen des Haushundes unter mittelgroßen Wölfen zu suchen sind, sehe ich im unbiologischen Reproduktionsverhalten der großen und der kleinen Hunderassen.

Große Hunderassen haben durchschnittlich zahlenmäßig größere Würfe als mittelgroße und kleine Rassen. Das widerspricht der sonstigen Regel, wonach große Säugetiere weniger Nachkommen haben als kleine Säuger.

G. Kaiser hat die Reproduktionsleistung der Haushunde in ihrer Beziehung zur Körpergröße und zum Gewicht anhand von 2.875 Würfen mit total 17.006 Welpen der verschiedenen Rassen untersucht. Das Gesamtwurfgewicht beträgt nach seinen Untersuchungen bei allen Rassen rund 12 % des mütterlichen Gewichts. Es kann allerdings bei Zwerghunden bis zu 30 % ansteigen, beim großen Pyrenäenhund aber auf 5,4 % absinken. Die 12 % entsprechen dem Verhältnis beim Wolf (Sierts-Roth, 1953).

Die durchschnittliche Welpenzahl pro Wurf liegt beim Bernhardiner bei 8,03. 21 % der Hündinnen warfen aber mehr als 10 Welpen, das Maximum liegt bei 20 Welpen. Eine Jagdhündin einer nicht genannten Rasse brachte es auf 22 Welpen.

Weil das Gesamtgewicht eines Wurfes sowohl bei den großen wie den kleinen Rassen annähernd 12 % des mütterlichen Gewichts beträgt, sind die Welpen der großen Rassen relativ gesehen viel kleiner als diejenigen kleiner Rassen. Beim Bernhardiner beträgt das durchschnittliche Welpengewicht nur 0,97 %, beim großen Pyrenäenhund nur 0,91 % des mütterlichen Gewichts, beim Mittelschnauzer 1,81 %, beim Zwergschnauzer 3,04 % und beim Chihuahua 6,42 %.

Wurfgrösse

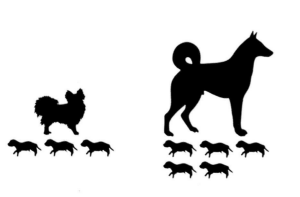

Grosse Rassen haben im Durchschnitt mehr Welpen pro Wurf als kleine Rassen.

Wurfgewicht

Kleine Rassen werfen (im Verhältnis zum eigenen Körpergewicht) schwerere Welpen als grosse Rassen. Bei allen Rassen beträgt das durchschnittliche Wurfgewicht ca. 12% des Muttergewichts.

Muttergewicht — Wurfgewicht

*Abb. 51. Abhängigkeit der Welpenzahl und des Geburtsgewichts der Welpen von der Körpergröße der Mutterhündin. Aus Althaus und Nussbaumer, 1983.*

Diese Diskrepanz zwischen Mutter- und Welpengewicht bei den großen Rassen führt dazu, dass die biologisch zu kleinen Welpen von der Mutter oft zu Tode getrampelt oder beim Hinlegen erdrückt werden.

Entsprechend dem relativ kleinen Geburtsgewicht müssen große Rassen ihr Gewicht nach der Geburt verhundertfachen, bei Zwergrassen sinkt der Vermehrungsfaktor auf das 16-fache ab. Bei der Rasanz des Wachstums innerhalb der großen Rassen hält die Mineralisierung der Knochen nicht mit der Gewichtszunahme Schritt, die Folge sind Gelenkschäden. Einschränkend muss aber gesagt werden, dass bei einer eher knappen Fütterung der Junghunde und dem dadurch verlangsamten Wachstum Skelettschäden weitgehend vermieden werden können. Zwerghunde erreichen die Hälfte des mütterlichen Gewichts nach drei, mittelgroße Rassen nach vier und große Rassen nach sechs Monaten.

## *Zwerghunde*

Proportionierte Zwerge, zum Beispiel Zwergpudel, Zwergpinscher, Zwergschnauzer, Papillons und andere mehr sind Miniaturausgaben ihrer normalgroßen Artgenossen. Bei ihnen sind sämtliche Körperteile harmonisch verkleinert worden, die Körperproportionen haben sich - abgesehen von der in der Regel fehlenden Scheitelleiste des Schädels - nur unwesentlich verändert.

Zwerghunde haben zahlenmäßig kleine Würfe. Der von G. Kaiser errechnete Durchschnitt liegt beim Papillon bei 2,92, beim Malteser bei 3,33, beim Zwergpudel bei 2,5 und beim Chihuahua bei 2 Welpen pro Wurf. Weil aber auch bei den Zwergen das Gesamtgewicht eines Wurfes rund 12 % des mütterlichen Gewichts ausmacht, sind die Welpen unbiologisch groß. Im Durchschnitt wiegt ein Chihuahua-Welpe bei der Geburt 6,4 % des mütterlichen Gewichts (gegenüber 0,97 % beim Bernhardiner). Die Diskrepanz zwischen der Größe der Mutterhündin und den unbiologisch großen Welpen führt bei Zwerghunden, namentlich bei den kurznasigen Rassen, häufig zu Geburtsschwierigkeiten. Als unterste Grenze für eine noch zuchtfähige Hündin erachte ich ein Gewicht von 2,5 kg, leider wird dieses Gewicht vielfach unterschritten. Das ergibt dann Welpen mit Geburtsgewichten von nur noch 35-40 g, die bereits wenige Tage nach der Geburt sterben.

Zwerghunde sind noch in anderer Hinsicht gegenüber mittelgroßen und großen Rassen benachteiligt. Sie besitzen eine verhältnismäßig größere Körperoberfläche als große Hunde, denn das Volumen verändert sich bei gleichbleibender Form in der dritten, die Körperoberfläche jedoch in der zweiten Potenz. (Ein Würfel mit 1 $cm^3$ Inhalt hat eine Oberfläche von 6 $cm^2$, ein solcher von 27 $cm^3$ eine solche von 54 $cm^2$, das Volumen hat 27 mal, die Oberfläche aber nur 9 mal zugenommen.) Je kleiner ein Tier ist, desto größer ist die Fläche der Wärme abgebenden Haut und desto intensiver verläuft sein Stoffwechsel.

Der Energieumsatz hängt vom Sauerstoffkonsum ab. Der Gasaustausch erfolgt über die Alveolen der Lunge. Untersuchungen über die Beziehungen zwischen Körpergröße und Metabolismus beim Haushund haben ergeben, dass große Hunde eine relativ größere Alveolaroberfläche haben als kleine Hunde.

Kleine Hunde sind also in doppelter Hinsicht benachteiligt. Einerseits verlangt die größere Wärmeabgabe über die größere Körperoberfläche eine erhöhte Wärmeproduktion und andererseits ist die zur Verfügung stehende Alveolaroberfläche der Lunge kleiner als bei einem großen Hund. Einfach gesagt: Die Lunge hat sich in ungenügender Weise angepasst, sie ist beim kleinen Hund im Vergleich zum großen zu klein. Die normale Alveolaroberfläche scheint bei einem Körpergewicht von 27 kg zu liegen.

Die Untersuchungen von Huber und Gehr (1975) erlauben zwar kein abschließendes Urteil, sie könnten aber dennoch ein weiterer Hinweis darauf sein, dass die Ahnen des Hundes im Bereich mittelgroßer Wölfe zu suchen sind.

## *Zusammenfassend:*

Große Rassen haben durchschnittlich zahlenmäßig größere Würfe als kleine Rassen. Die Abhängigkeit der Reproduktionsleistung von der Körpergröße setzt nach unten und nach oben deutliche Grenzen. Die durchschnittliche Welpenzahl pro Wurf liegt beim Bernhardiner bei 8,03, wobei rund 20 % der Hündinnen mehr als 10 Welpen werfen, das Maximum liegt bei 20 Welpen in einem Wurf. Beim Papillon liegt die durchschnittliche Welpenzahl bei 2,42, beim Chihuahua bei knapp 2. Das Gesamtgewicht eines Wurfes beträgt bei allen Rassen im Mittel 12,4 % des mütterlichen Gewichts, das entspricht den Verhältnissen beim Wolf, bei dem ein durchschnittliches Gesamtgewicht eines Wurfs mit 12,9 % des mütterlichen Gewichts ermittelt wurde. Bei Zwerghunden liegt jedoch das durchschnittliche Gewicht eines Wurfs mit 19,4 % deutlich über dem Mittelwert, beim großen Pyrenäenhund (Chien de Montagne des Pyrénées) mit 5,4 % deutlich darunter.

Entsprechend der geringen Zahl der Welpen und dem höheren Gesamtgewicht eines Wurfes sind die Welpen der Zwerghunde unbiologisch groß, bei den großen Rassen mit einem geringeren Gesamtgewicht und einer größeren Welpenzahl unbiologisch klein.

Die Geburtsgewichte der einzelnen Welpen steigen prozentual zum Muttergewicht von den großen zu den kleinen Rassen deutlich an. Sie liegen beim 70 kg schweren Pyrenäenhund bei 0,91 %, beim rund 2 kg schweren Chihuahua jedoch bei 6,42 % des mütterlichen Gewichts.

»Die Hündin einer kleinen Rasse leistet mit der Produktion einer geringen Zahl prozentual zum Muttergewicht schwererer Welpen das gleiche oder sogar mehr als eine Hündin einer großen Rasse, die in einem Wurf viele relativ kleine Welpen zur Welt bringt«, Kaiser 1971.

Im Durchschnitt liegen die mittelgroßen Rassen, zum Beispiel die Mittelschnauzer bei 1,56 %, die Entlebucher Sennenhunde bei 1,84 %, die Airedale Terrier bei 1,24 %, die Cocker Spaniel bei 1,80 %. Diese Prozentsätze entsprechen den Werten bei Wölfen. Die unterste Grenze lebensfähiger Welpen liegt bei 55-60 g (Papillon), die oberste bei etwa 870 g (Pyrenäenhund).

Die deutliche Übereinstimmung des Reproduktionsverhaltens mittelgroßer Hunde mit dem Reproduktionsverhalten des Wolfes kann ein Indiz dafür sein, dass die Ahnen des Haushundes unter den mittelgroßen Wölfen zu suchen sind.

## VARIABILITÄT PSYCHISCHER MERKMALE
Das Verhaltensmuster des Haushundes enthält noch viele wölfische Komponenten, aber es ist grundfalsch, im Hund einen gezähmten Wolf zu sehen. Durch Zuchtauslese und menschliche Obhut ist das Verhaltensinventar tiefgreifend verändert worden. Verhaltenskomponenten wurden abgeschwächt, völlig abgebaut, aber auch übersteigert; die der innerartlichen Verständigung dienenden Signale sind zum Teil abgeflacht, zum Teil vergröbert.

Das Ausmaß dieser Veränderungen ist freilich nicht messbar wie die anatomischen Veränderungen. Die Verkürzung oder die Verlängerung der Schnauze sowie die Reduktion des Hirnvolumens sind im Vergleich zum Schädel des Wolfes genau feststellbar. Ausfälle oder Steigerungen in einem bestimmten Verhaltensbereich können jedoch nicht in Prozenten des wölfischen Verhaltens festgehalten werden. Als eine der wichtigsten Steigerung einer Verhaltensform gilt die Bellfreudigkeit des Haushundes. Das Bellen der Wölfe ist selten und bei ihnen streng situationsbezogen, Hunde dagegen bellen häufig und offensichtlich nicht nur, um mit anderen Hunden zu kommunizieren. Ihre Bellfreudigkeit hängt stark mit einer Steigerung der Territorialverteidigung zusammen, sie erfüllen dadurch die für den Menschen wichtige Funktion als Bewacher von Haus, Hof und Gegenständen, die sie als ihren Besitz betrachten.

Die Bellfreudigkeit ist von Rasse zu Rasse starken Schwankungen unterworfen. Es gibt extrem bellfreudige Rassen, wie zum Beispiel Schnauzer, Spitze und Appenzeller Sennenhunde. Sie sind entsprechend gute Wächter, die bereits geringe Änderungen innerhalb ihres Territoriums durch Bellen ankündigen. Dann gibt es Rassen, zum Beispiel Basenji und Nordische Schlittenhunde, die wenig bellen und als Wächter deshalb wenig tauglich sind. Aber auch innerhalb der gleichen Rasse gibt es in Bezug auf Bellfreudigkeit große individuelle Unterschiede.

Rassebedingt sehr verschieden ist das Verhalten der Hunde im Bereich des Beutefangverhaltens. Eine Reduktion kann bis zum totalen Ausfall des Jagdtriebes, eine Steigerung jedoch zu extremer »Raubzeugschärfe« und einem starken Stöbertrieb führen, der bei Laufhunden ein freies Laufenlassen des Hundes im Wald unmöglich macht. Doch auch hier gibt es innerhalb einer Rasse große individuelle Unterschiede. Ich kann einen Wolfsspitz erwerben, der gemäß Auskunft in allen Büchern über den Spitz garantiert nicht jagt und habe dann das Pech, einen jagenden Spitz erworben zu haben. Und ich kann für den Jagdgebrauch einen Spaniel kaufen, der überhaupt kein Interesse an Wildspuren zeigt. Es können auch nur einzelne Komponenten der ganzen Beuteerwerbshaltung ausfallen, indem der Hund das gestellte Wild nicht mehr angreift, sondern nur noch verbellt. Es muss aber immer wieder betont werden, dass es die Rasse, die garantiert nicht jagt, nicht gibt.

Durch entsprechende Zuchtwahl kann die Aggressivität einer Rasse, oder auch nur einer bestimmten Familie innerhalb einer Rasse, derart gesteigert werden, dass der Hund jeden anderen Hund, aber auch Menschen sofort angreift. Es ist jedoch falsch, jeden Vertreter einer ehemals zu Tierkämpfen gezüchteten Rasse nun als »Kampfhund« zu bezeichnen. Das Umfeld, in dem ein Hund aufwächst, trägt wesentlich dazu bei, ob ein Hund aggressiv oder tolerant wird. »Kampfhunde« werden nicht geboren, »Kampfhunde« werden gemacht!

Es ist ebenfalls falsch, sich bei Raufereien zweier Hunde auf die »Beißhemmung« des überlegenen Hundes zu verlassen, wie dies immer noch, wider besseres Wissen, in vielen Hundebüchern empfohlen wird. Raufereien können zu schweren Verletzungen und selbst zum Tode des unterlegenen Hundes führen, zumal es auch Hunde gibt, die die »Demutsstellung« des Unterlegenen offensichtlich nicht mehr kennen und auch in einer aussichtslosen Situation weiter kämpfen. So sagt Hassenstein (1980) zu recht: »Bei in Rudeln lebenden Raubtieren gibt es beim Kampf zwischen Angehörigen verschiedener Rudel keine Tötungshemmung. Hier übt das innerartliche Töten sogar die biologische Funktion der Kontrolle der Bevölkerungsdichte aus.«

Wie schon beim Jagdverhalten des Hundes erwähnt, fehlen bisweilen in einem bestimmten Funktionskreis wichtige Komponenten, so dass der Ablauf einer ganzen Handlungskette empfindlich gestört ist. Als Beispiel nenne ich hier das Verhalten einer gebärenden Hündin. Es gibt Hündinnen, die »wissen« nicht mehr, dass ein Welpe abgenabelt oder gar aus den Fruchthüllen befreit werden muss. Sie stehen dem Geburtsvorgang fassungslos gegenüber, es kommt sogar vor, dass sie fluchtartig das Wurflager verlassen. Ist die Geburt vorüber, sind sie die fürsorglichsten Mütter.

Eine Übersteigerung bestimmter Verhaltenskomponenten kann zu Neurosen führen. Der Hund reagiert dann auf Umwelteinflüsse, mit denen er konfrontiert wird, falsch, er ist verhaltensgestört. Doch sollte man bei der Beurteilung derart »verhaltensgestörter« Hunde kritisch sein. Oft ist nicht der Hund, sondern dessen Besitzer verhaltensgestört.

Die grobe Unterscheidung zwischen angeborenen und erworbenen Wesensmängeln, wie man sie heute oft recht dilettantisch auf Wesensprüfungen vornimmt, wird dem Hund nicht gerecht, wenn nicht seine Lebenssituation, namentlich diejenige während der Aufzucht, gebührend berücksichtigt wird.

### *Zusammenfassend:*
Hunde sind keine zahmen Wölfe, das Verhalten des Hundes kann nicht ausschließlich am Verhalten des Wolfes gemessen werden. Abweichungen vom Verhalten des Wolfes müssen nicht anormal sein.

Daran ändert sich auch nichts, wenn man Hunde - ähnlich wie Zoo-Wölfe - in großen Gehegen sich selbst überlässt. Sie bleiben auch in einer solchen Situation domestizierte Tiere mit vielen, über Jahrtausende durch den Menschen gewollt oder ungewollt verursachten Steigerungen, Reduktionen und Ausfällen bestimmter Komponenten im Verhalten des Wolfes.

So wie viele körperliche Merkmale, ist auch das Verhaltensinventar des Haushundes äußerst variabel. Durch gezielte Selektion wurden angeborene Verhaltensweisen gesteigert oder reduziert und rassenspezifisch genetisch fixiert. Was bei einer Rasse erwünscht, kann bei einer anderen Rasse unerwünscht sein.

Als gestört wäre ein Verhalten zu bezeichnen, wenn es den Hund hindert, in der ihm vom Menschen zugewiesenen »ökologischen Nische« ein normales Leben zu führen. Der wohl wichtigste Grund für die Züchtung verschiedener Hunderassen liegt darin, dass jeder Hundefreund den Hund findet, der zu ihm und seiner Umwelt passt. Das gilt für die anatomischen wie für die psychischen Besonderheiten einer Rasse.

# Kapitel 5

# BEGINN DER RASSENZUCHT

## DER RASSENBEGRIFF

Wenn bei einem Haustier der rein wirtschaftliche Nutzen nicht mehr im Vordergrund steht, dann sind der Rassenbildung weite Grenzen gesetzt. Im Laufe der vieltausendjährigen Geschichte des Haushundes sind eine große Zahl verschiedener Phänotypen entstanden, die im Skelett, vor allem in der Form der Schädel, aber auch im Haarkleid so stark voneinander abweichen, wie dies bei keinem anderen Haustier der Fall ist.

Diese Vielfalt der Erscheinungsformen wird heute nach Rassen geordnet, wobei festzuhalten ist, dass der Begriff »Rasse« heute, im Gegensatz zu früher, nur noch beim Haustier verwendet wird. Für die Wildtiere wird an Stelle der früher gebrauchten Bezeichnung »Rasse« der Begriff »Unterart« verwendet. In Brehms »Tierleben«, Ausgabe 1915, werden beim Wolf (Canis lupus) noch Lokalrassen unterschieden, die sich in Schädelform, Körperbau und Haarfarbe voneinander unterscheiden, wobei nach darwinistischer Denkweise die Umwelt als auslösender Faktor für die Bildung einer Lokalrasse betrachtet wurde. Heute spricht man nur noch von Unterarten des Wolfes.

Voraussetzung für eine planmäßige Rassenzucht ist eine möglichst genaue Definition des Rassenbegriffs. Doch die Begriffe Art, Unterart und Rasse werden auch heute noch unterschiedlich verwendet.

Der Erste, der alles Lebendige in ein ordentliches System eingezwängt hat, war Linné in seiner 1735 erschienenen »Systema naturae«. Als eine Art fasste er Individuen zusammen, die sich in der »Mehrheit ihrer Eigenschaften einander so ähneln, dass man sie als artgleich bezeichnen kann«.

Cuvier (1829) hat dann den Artbegriff Linnés erweitert, indem er die Art als eine natürliche Fortpflanzungsgemeinschaft definierte. Der statische Begriff Linnés wurde nun durch einen dynamischen Artbegriff ersetzt.

Kant wollte die von Cuvier postulierte Fortpflanzungsgemeinschaft in Unterarten und Varietäten aufteilen. Statt von Unterarten wurde dann bald von Rassen gesprochen. Doch seit dem internationalen Zoologenkongress von 1898 hat sich die Bezeichnung »Unterart« durchgesetzt. Darunter versteht man »eine begrenzte Gruppe lokaler Populationen, welche sich genetisch und taxonomisch von anderen Untereinheiten einer Art abhebt«.

Für Haustiere, insbesondere für den Hund, ist die Frage, was als Rasse und was als Rassenvarietät zu bezeichnen ist, ungelöst. Der Genetiker W. Schleger vertritt die Meinung, beim Haushund könne höchstens von 100 verschiedenen Rassen gesprochen werden, alles andere seien Varietäten. Er hat insofern recht, als bis heute allgemein anerkannte Richtlinien für eine Abgrenzung der verschiedenen Rassen voneinander fehlen.

So wird zum Beispiel der große, weiße und zumeist langstockhaarige Hirtenhund, der überall vorkam, wo der Mensch Vieh, vor allem Schafe und Ziegen oberhalb der Waldgrenze weidete, heute in die Rassen Kuvasz, Slovensky Tchouvatch (Slovensky Cuvac), Polnischer Tatrahund, Südrussischer Owtscharka, Türkischer Akbash und Maremma Sheepdog aufgeteilt. Wir könnten auch noch den französischen und den spanischen Pyrenäen Hirtenhund (Chien de Montagne des Pyrénées und Mastin de los Pirineos) zählen.

Die Unterschiede von einer Rasse zur anderen sind häufig so gering, dass nur der Stammbaum darüber Auskunft gibt, welcher Rasse ein Hund angehört. Ein Saarloos Wolfhond und ein Tschechoslowakischer Wolfshund unterscheiden sich kaum in nur einem wesentlichen Merkmal voneinander.

Es handelt sich bei diesem Rassensplitting um eine sehr subjektive Rassendefinition, deren Berechtigung man füglich anzweifeln darf, ist es doch fraglich, ob der Unterschied im Genbestand bei diesen weißen, langhaarigen Hirtenhunden oder den beiden Wolfshundrassen so groß ist, dass eine Unterteilung in verschiedene Rassen gerechtfertigt ist, oder ob damit nicht der Genaustausch in unverantwortlicher Weise unterbunden und Inzuchtschäden Vorschub geleistet wird.

Wohl zu Recht sagt der Haustierforscher W. Herre: »... es ist züchterisch unerwünscht, weitgehend übereinstimmenden Erbbestand, der weitgehend sich gleichende Merkmale prägt, als verschiedene Rassen zu unterscheiden.« Nach seiner Ansicht ist eine Rasse »nichts Einheitliches, sondern umfasst eine Gruppe verschiedener, artgleicher Individuen, die nur einiges gemeinsam haben, was ausschließlich mit statistischen Methoden umschrieben werden kann«.

Der gleichen Meinung ist Dobhansky (1944). Nach ihm ist eine Rasse stets eine Individuengruppe, in der verschiedene Genotypen vorkommen, eine Tatsache, die von den Hundezüchtern wohl zu wenig beachtet wird. Ein gemeinsamer Genbestand ist wohl vorhanden, deshalb gleichen sich die einzelnen Individuen innerhalb einer mehr oder weniger weiten Grenze, aber eine Rasse ist keine genetisch homogene Individuengruppe, Abweichungen vom standardisierten Idealbild der Rasse sind immer zu erwarten. Nicht die Merkmale eines einzelnen Individuums charakterisieren eine Rasse, sondern das Mittel aller Individuen. Auf die oben erwähnten Hirten- und Wolfshunde bezogen, wäre eine Aufteilung in verschiedene Rassen nicht gerechtfertigt.

Herre hat den Rassebegriff wie folgt definiert: »Rassen sind vom Menschen in sexueller Isolation gehaltene, verbreitete Untereinheiten einer Art, welche sich in mehreren Merkmalen und Erbeinheiten stärker voneinander unterscheiden. Es sind Kollektiveinheiten, deren Besonderheiten nur durch statistische Methoden wiedergegeben werden können. Dem subjektiven Ermessen bei der Umgrenzung und Merkmalsauswahl ist ein weites Feld gelassen.«

In der Hundezucht liegt die Betonung auf dem Wort »subjektiv«, denn die für eine Hunderasse gültige Auswahl der Merkmale liegt immer noch im subjektiven Ermessen der Züchter und der Rasseclubs, eine Rasse ist deshalb stets eine Definitionseinheit (Herre). Bei der Aufgliederung einer Individuengruppe in verschiedene Rassen sollten, um einen möglichst großen »Genpool« zu erhalten, möglichst viele Merkmale berücksichtigt werden, nur ein kleiner Unterschied (siehe Tchouvatch und Tatrahund, Saarloos und Tschechoslowakischer Wolfshund) genügt nicht. Andererseits aber dürfen die Grenzen auch nicht so weit gefasst werden, dass wir schließlich nur noch sehr großzügig bemessene Einheiten erhalten, wie zum Beispiel »Doggen«, »Windhunde«, »Terrier«, »Spitze« und so weiter. Damit würden wir den Sinn der Rassenhundezucht ad absurdum führen.

## VARIETÄTEN UND TYPEN

Wenn schon die Abgrenzung der Rassen oft Schwierigkeiten macht, so gilt dies noch vermehrt für den Begriff der Varietät. Historisch gesehen haben sich oftmals Varietäten zu Rassen entwickelt oder sind zumindest als eigene Rassen bezeichnet worden, auch wenn die Abweichungen von der ursprünglichen Rasse sehr minimal waren. Als Beispiele erwähne ich Norwich und Norfolk Terrier, Langhaar und Kurzhaar Collie, Cardigan und Pembroke Corgi, Finnenspitz und Norbottenspets, die Nordischen Schlittenhunde und andere mehr.

Eine klare Linie in der Beurteilung, was eine eigenständige Rasse und was eine Rassenvarietät ist, ist bis heute nicht zu erkennen. Nach W. Herre sind Varietäten Kollektiveinheiten innerhalb einer Rasse, deren Genbestand gegenüber der Gesamtheit der Rasse eingeengt ist. Er kann dermaßen eingeengt werden, dass Inzuchtdepressionen und gehäuftes Auftreten von genetisch bedingten Defekten die Folge sind. Da wo innerhalb einer Rassengruppe Größenvarietäten unterschieden werden, stellt sich zudem die Frage, wie weit phylogenetische Zusammenhänge zwischen den Extremformen bestehen. Der Riesenschnauzer zum Beispiel ist nachgewiesenermaßen aus großen Wach-, Hüte- und Schutzhunden hervorgegangen, der Zwergschnauzer kommt jedoch aus der Gruppe der kleinen Pinscher.

Phylogenetische Zusammenhänge können hier nur insofern bestehen, als große Hunde aus der Mittelform (Mittel- oder Standard Schnauzer) in die Riesenschnauzer, kleine Hunde aus der Mittelform in die Zwergschnauzer eingekreuzt worden sind.

Ähnliches gilt auch für andere Rassen. So sind zum Beispiel die Größenunterschiede zwischen einem Großpudel und einem Toypudel ganz beträchtlich, und entsprechend verschieden sind dann auch die Schädelformen. Reduzieren wir fotografisch den Schädel eines Großpudels auf die Größe des Schädels eines Toypudels, so werden die Unterschiede der beiden Schädelformen auch für den Laien augenfällig. Ein Morphologe hat Mühe, hier von Angehörigen der gleichen Rasse zu sprechen. Beide Varietäten weisen aber dennoch so viele gemeinsame Merkmale auf, dass wir sie als Varietät - oder nach der alten Bezeichnung - als Schläge des Pudels bezeichnen. Es muss aber nachdrücklich darauf hingewiesen werden, dass es unmöglich ist, eine Zwergrasse als genaues Abbild einer großen Rasse zu züchten, auch wenn das etliche Standards verlangen.

Eine klare Definition der Varietäten nach statistisch realen Merkmalsunterschieden und nach Verschiedenheiten im Genotyp wäre im Hinblick auf genetisch bedingte Krankheiten für viele Rassen notwendig, denn Kreuzungen der Varietäten innerhalb der Rassen mit kleinem Zuchtpotential werden in Zukunft unvermeidlich sein.

Einzelne Varietäten kann man ohne Einbuße qualitativer Merkmale, zum Beispiel der Haarfarbe, miteinander kreuzen. Bei anderen sind die genotypischen Unterschiede so groß, dass unerwünschte Fehlfarben entstehen, weil die Dominanz der die Fellfarben steuernden Gene nicht absolut ist. Hier stellt sich dann sofort die Frage, wie wichtig die Fellfarbe für einen Hund ist. Erinnern wir uns an die Aussage von v. Stephanitz, wonach »ein guter Hund keine falsche Farbe haben kann«.

Ähnliche Probleme stellen sich bei der Kreuzung zwischen Haarvarietäten. Die Haarstruktur wird nach Auffassung der Genetiker offenbar polygen vererbt. Es entstehen dann bei Kreuzungen Zwischenformen, die weder der einen noch der anderen Varietät zuzuordnen sind. Als Beispiel erwähne ich den St. Bernhardshund, der von einem Richter als stockhaariger Hund, von einem anderen Richter als langhaariger Hund taxiert wurde. Problematisch ist bei solchen Kreuzungen auch der Umstand, dass bei einem 10-12 Wochen alten Junghund nicht mit Sicherheit vorausgesagt werden kann, welche Haarfarbe oder welche Haarstruktur er als erwachsenes Tier haben wird. An Ratschlägen, wie die genetische Vielfalt zu erweitern ist und damit der Ausbreitung von Erbdefekten Schranken zu setzen sind, fehlt es nicht. Mit einem Verbot der Linienzucht, wie es von einigen kynologischen Verbänden propagiert wird, löst man dieses

Problem nicht. Derartige »am grünen Tisch« gefasste Beschlüsse, gehen an der Praxis vorbei und rütteln an den Grundfesten der Rassenhundezucht. Sie könnten das endgültige Verschwinden seltener, alter Rassen zur Folge haben.

So wie aus Kreuzungen verschiedener urtümlicher Rinderrassen wieder ein Rind gezüchtet wurde, das dem Urahn Urochs sehr ähnlich ist, oder wie aus verschiedenen urtümlichen Pferderassen wieder ein dem Tarpan ähnliches Pferd geschaffen wurde, so könnte man auch in der Hundezucht bei extremen Kreuzungen wieder zum Torfhund der Pfahlbauer zurückkehren.

Der Tierarzt und Kynologe R. Schäme kreuzte verschiedene Hunderassen miteinander und wollte so den von Nehring beschriebenen prähistorischen Canis familiaris decumanus rekonstruieren und ihn unter dem Namen »Kurmärker« als neue Rasse in die Kynologie einführen. Er erhielt schließlich einen mittelgroßen, stockhaarigen, einem Kurzhaar Collie ähnlichen Hund mit kleinen Schlappohren, gab dann aber seine Versuche wieder auf (Der Hund, 1/1932).

Jede Stadttaubenpopulation demonstriert uns dieses Prinzip der größtmöglichen Heterozygotie, zeigt uns aber auch eindrücklich, dass längst nicht alle diese heterozygoten Tauben gesund sind. Seit der Wanderfalke nicht mehr auf dem Münsterturm brütet und für eine rigorose Auslese sorgt, sind viele dieser Stadttauben krank.

Eine mildere und durchaus gangbare Form der Zuchtmethoden wäre der vermehrte Einsatz aller vorhandenen, gesunden und zuchtfähigen Rüden und der Verzicht auf die Überbewertung des jeweiligen Ausstellungs- oder Leistungssiegers. Dies würde bei vielen Rassen zu einer Erweiterung des Genbestandes und somit zu einer größeren Resistenz gegen Krankheiten führen. Über belanglose Farbfehler sollte man großzügig hinwegsehen und vermehrt nach dem Grundsatz handeln, »Gesundheit kommt vor Schönheit«.

Innerhalb einer Varietät wird häufig auch noch nach Typen unterschieden. Es sind dies meistens familienbedingte Merkmale, die eine Zuchtfamilie von anderen der gleichen Rasse oder Varietät unterscheiden. Es gibt praktisch bei jeder Hunderasse schlanke und breitwüchsige, es gibt schnellwüchsige und sich eher spät entwickelnde Typen, ohne dass dabei von eigentlichen Varietäten gesprochen werden kann. Verschiedene Typen treten übrigens nicht nur bei Haustieren, sondern gelegentlich auch bei Wildtieren auf.

Es gibt Hundezüchter, die besonders stolz auf einen eigenen »Zwingertyp« sind und versuchen, diesen mit Hilfe einer engen Linienzucht zu erhalten. Früher oder später müssen sie jedoch eine fremde Linie einkreuzen, wobei der besondere Typ wieder verloren gehen kann. Diese Typen führten in der Vergangenheit ab und an zu einer neuen Varietät oder gar zu einer neuen Rasse. Einen besonderen züchterischen Wert kann man ihnen jedoch nicht beimessen.

## PARIAS, SCHENSIHUNDE UND NATURRASSEN

Zu wenig erforscht wurden im Zusammenhang mit den ersten Rassenbildungen die so genannten Pariahunde des Orients. Das Wort »Paria« stammt aus Indien und bedeutet dort »aus der Kaste ausgestoßen«, also einen Menschen, der zu niemandem mehr gehört. Die Engländer haben dann das Wort auf die herrenlosen Hunde übertragen, die überall im Orient um die menschlichen Siedlungen herumlungern und als Abfallvertilger, einschließlich des menschlichen Kots, geduldet werden.

Der Streit, wo die Parias eingeordnet werden müssen, ist bis heute nicht entschieden. Die einen betrachten sie als eine Art »Ursuppe« oder, wie Hauck einmal sagte, »Urlauge«, aus der die verschiedensten Hunderassen hervorgegangen sind; andere betrachten sie als rassenloses Gemisch, entstanden aus den Überresten einstiger Rassehunde.

So meint etwa Beckmann (1895): »Die Pariahunde des Orients entstanden auf den Trümmern der Hunderassen untergegangener Kulturvölker, mischten sich mit den Hunden der eingewanderten Völkerstämme und in neuerer Zeit mit den eingeführten europäischen Hunderassen.«

Leider hat sich damals, als die Durchmischung mit europäischen Rassehunden noch nicht so weit fortgeschritten war wie heute, niemand der Pariahunde angenommen und wissenschaftliche Untersuchungen über sie angestellt. Das hat sich bis heute kaum geändert. Nach wie vor hat Strebels Klage, die er 1905 niederschrieb, Gültigkeit: »Es liegt hier ein unermessliches Feld für die Forschung vor uns, und ich hoffe immer noch, dass ... endlich Forscher entstehen, die sich an Ort und Stelle dieser hochinteressanten Arbeit widmen werden.«

Unterdessen dürfte es freilich für derartige Forschungen fast zu spät sein. Man muss schon in sehr abgelegene Gebiete reisen, um noch einigermaßen echte Parias zu finden, und wenn man sie noch aufspürt, dann nicht mehr in den Städten, sondern draußen auf dem Lande in abgelegenen Dörfern, in denen kaum ein Europäer sesshaft geworden ist. Man müsste sich viel Zeit nehmen, um diese Hundepopulationen zu studieren, denn nicht jeder Paria ist ein herrenloser Hund, und nicht jeder herrenlose Hund ist ein Paria. Sie passen sich in Bezug auf ihre Stellung zum Menschen der jeweiligen Situation an, sie leben in einem losen Domestikationsverhältnis, werden weder gefüttert noch sonst irgendwie betreut und unterliegen keiner gelenkten Zucht. Eine Zuchtauslese findet trotzdem statt, aber nicht durch den Menschen, sondern durch die Umwelt.

Eine scharfe Trennungslinie zwischen dem »phylogenetischen Vorgang« der Domestikation und dem »ontogenetischen Vorgang« der Zähmung des Einzeltieres ist nicht zu ziehen.

In neuerer Zeit haben sich vor allem die Dres. R. und R. Menzel in Israel mit den dortigen Parias befasst und deren Lebensweise studiert. Ihre 1960 erschienene Arbeit dürfte auch heute noch Ausgangspunkt und Grundlage zu weiteren Forschungen über die Parias bilden.

Nach den Dres. Menzel sind Parias keine typlosen Mischlinge. Es gibt dort, wo sie nicht von Rassehunden durchmischt sind, sich konstant vererbende Typen, die sich ohne menschliches Zutun an vielen Stellen rein erhalten haben. Es sind in der Regel mittelgroße Hunde, die im Körperbau und in der Kopfform von hirtenhundähnlichen Formen über schäferhund-, spitzähnliche Tiere bis zum windhundähnlichen Typ variieren.

Sie sind eine Art »Naturrasse«, aus der sich mühelos Kulturrassen herauszüchten lassen. Ihre Art zu leben reicht vom Wildhund über die Halbdomestikation bis hin zum eigentlichen Haushund, wobei das Einzelindividuum jederzeit befähigt ist, je nach Situation problemlos von einem Zustand in den andern zu wechseln. Wo der Paria verfolgt wird, entwickelt er sich zum eigentlichen Wildhund, wo er geduldet oder gar gefüttert wird, legt er bald seine Scheu vor dem Menschen ab. Gezähmte Parias verhalten sich nicht anders als in menschlicher Obhut aufgewachsene Rassehunde, sie schließen sich dem Menschen an, können aber auch sehr rasch wieder verwildern. Soweit in Kürze eine Zusammenfassung der Forschungen beider Menzels.

Die Frage, ob sich die Parias auf dem Weg von der Urform des Haushundes zum Rassehund befinden, oder ob sie umgekehrt Abkömmlinge alter Kulturrassen sind, die nun wieder verwildern, bleibt offen, und so wird auch die Unterscheidung in Schensihunde und Parias fragwürdig.

Unter dem Begriff *Schensihunde* (Canis familiaris schensi, Werth) fasst E. Werth die »Primitivhunde« des tropischen Hackbaugürtels zusammen, die ohne besondere menschliche Pflege ihr Fortkommen finden, aber bei und in menschlichen Behausungen leben.

Sie lassen sich kaum in einzelne Rassen einteilen, sondern befinden sich gleichsam auf dem Weg vom »Urhund« zum Rassehund. Gemeinsames Merkmal ist eine mittlere Größe, so um die 40 cm Risthöhe, aufrecht stehende Ohren und oft eine Ringelrute. Vorherrschende Farben sind Gelb oder ein schmutziges Braun, weiße Abzeichen kommen vor. Zurzeit werden zwischen 15 und 20 verschiedene Typen unterschieden. Dazu zählen der von Siber beschriebene Battakspitz, der vermutlich nicht mehr existierende Kuri der Maoris in Neuseeland, der Neuirlandhund, der Papuahund, der Phu-Quoc mit dem charakteristischen Ridge auf dem Rücken, der Bagirmi-Hund, der Bantu-Hund, der Haussa-Hund, der Kamerun-Hund, der Kaffernhund und der Wahadima-Hund.

Als einziger der Schensi-Hunde hat es bis heute der Pygmäen-Hund der Ilturi (Abb. 52) aus dem Kongo zum Status eines Rassehundes (Basenji) gebracht.

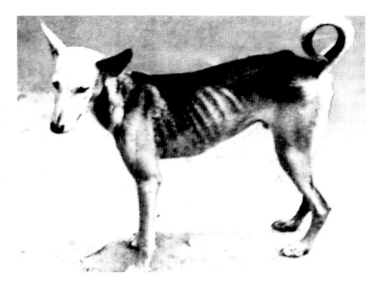

*Abb. 52. Schensihund der Pygmäen von Mont Hoys im Kongo. Aus solchen Hunden wurde der heutige Basenji gezüchtet. Aus Schneider-Leyer, »Die Hunde der Welt«, 1960.*

Ohne Zweifel ließen sich auch aus anderen Typen, soweit sie noch einigermaßen frei von »Europäerblut« sind, Rassen herauszüchten.

Manche Autoren bezeichnen die Primitivhunde der Alten Welt als Schensi- oder Pariahunde, ohne zwischen den beiden zu differenzieren. Andere betrachten die Hunde des Pflugbaugürtels als Pariahunde, diejenigen des Hackbaugürtels als Schensihunde.

Leider vermischen sich heute die Schensihunde mehr und mehr mit eingeführten europäischen Rassen, eine Reinzucht einzelner Schläge wird deshalb immer schwieriger. Das Beispiel der Paria- und Schensihunde zeigt, dass sich ohne menschliches Zutun unter bestimmten Umweltbedingungen *»Naturrassen«* bilden können; E. Hauck spricht auch von *»Landrassen«*.

Es muss aber erneut betont werden, dass der Impuls zur Bildung solcher Naturrassen nicht von der Umwelt ausging, ihr kam nur eine selektive Funktion zu, indem von den sich ständig ändernden Formen des Haushundes sich nur diejenigen Formen auf Dauer durchsetzen konnten, die den jeweiligen Umweltbedingungen am besten angepasst waren. Selbst kleinste Mutationen konnten die Lebensbedingungen verbessern, und die angepasstere Form verdrängte allmählich die minder angepasste Ausgangsform.

Nachdem der Mensch sesshaft geworden war, spielte auch er eine wesentliche Rolle als Umweltfaktor, weil nun der vom Menschen gesetzte Verwendungszweck eine ausschlaggebende Rolle zu spielen begann. Ein Beispiel dafür sind die großen, zumeist weißen Hirtenhunde, die überall da entstanden, wo der Mensch Schafe, Ziegen und Rinder züchtete. Aufgabe dieser Hunde war es, Bär und Wolf von den Herden abzuhalten. Die Hunde mussten also groß und stark sein, ein wetterfestes Fell haben und vorwiegend weiß oder sonstwie auffällig gefärbt sein, damit der Hirte sie auch in der Dämmerung von Bär und Wolf unterscheiden konnte. Zudem mussten die Hunde in ihren Nahrungsansprüchen genügsam sein, eine Eigenschaft, die noch vielen heutigen Hirtenhunden eigen ist.

In den Steppen lebende Völker brauchten zur Jagd rasche und ausdauernde Hetzhunde, die auf Sicht und nicht nach der Nase jagen. Deswegen finden wir überall in den Steppengebieten windhundartige Hunde. Im heißen Süden setzten sich die kurzhaarigen, in kälteren Gegenden die rauhaarigen Formen durch.

Eine weitere »Naturrasse« entstand im hohen Norden. Es ist die Gruppe der Schlittenhunde, die, wenn man auch heute verschiedene Rassen unterscheidet, sich doch alle sehr ähnlich sind, weil sich hier eben nur diese Form und keine andere auf die Dauer durchsetzen konnte.

## REINE RASSEN

Ob die alten Ägypter bereits eine gezielte Rassenreinzucht betrieben, wissen wir nicht. Die auf vielen Abbildungen in den Pharaonengräbern dargestellten »Tesem« zeigen eine derart große Einheitlichkeit, dass man annehmen muss, es handle sich hier um eine sich konstant vererbende Rasse (Abb. 53).

Die ersten, die von »reinen Rassen« sprachen, waren die adeligen Jäger im Mittelalter. In den germanischen Rechtssammlungen des 5.-9. Jahrhunderts werden jeweils bis zu sieben Jagdhunderassen aufgezählt. Dabei handelte es sich keineswegs um Rassen im heutigen Sinne; die Einteilung bezieht sich nur auf die Verwendung der Hunde bei der Jagd. So kennt etwa die Lex Bajuvariorum aus dem 7. Jahrhundert den Leithunt, Triphunt, Spurihunt, Windhunt und den Hapuhunt (Habichtshund).

Gute Jagdhunde genossen ein hohes Ansehen, deren Diebstahl oder Tötung zogen erhebliche Strafen nach sich. So kostete der Diebstahl eines solchen Hundes den Dieb den Wert von 7 Schweinen oder 168 Hühnern.

*Abb. 53. Altägyptische Tesems auf einem Relief aus dem Alten Reich, Grab des Ptahhotep.*

Die Jagd war das Vorrecht des freien Mannes, später nur noch des adeligen oder geistlichen Grundherrn, sie adelte auch den dazu gebrauchten Hund. Im Hochmittelalter (13. Jahrhundert) bestand die soziale Oberschicht aus dem Adel und hohen Klerus. Vom Fürsten bis zum geringsten Grafen, Freiherren oder Ritter lebte der Adel hinter festen Burgmauern; je angesehener ein Ritter, desto dicker die Mauern.

Hier wurde eine gelenkte Jagdhundezucht betrieben, und der Herr war darauf bedacht, dass sich seine »adeligen Hunde« von »reiner« Rasse nicht mit den Bauernhunden vermischten. Die äußere Gestalt dieser »reinrassigen« Hunde spielte vorderhand keine große Rolle. Reinrassig waren sie, wenn sie vorzüglich jagten. Da aber derartig »reine Hunde« häufig zur Zucht verwendet wurden und die alten Züchter auch vor engster Inzucht, zum Beispiel Vater-Tochter-, Mutter-Sohn- und Bruder-Schwesterpaarungen nicht zurückschreckten, vererbten diese Hunde, nebst ihrer Gebrauchstüchtigkeit auch ihre körperlichen Merkmale, und es entstanden mehr oder weniger voneinander abgrenzbare Rassen.

Mitgeholfen bei dieser Rassenbildung hat unter anderem auch die Ansicht, dass bestimmte körperliche Merkmale mit einer bestimmten Leistung gekoppelt seien, so zum Beipiel lange Hängeohren mit einer guten Nasenleistung. Eine überbaute Hinterhand galt als vorteilhaft für einen Hund, der im Gebirge jagen musste.

Solche Ansichten wirkten bis in die Neuzeit nach. Zu Beginn der Reinzucht des Berner Sennenhundes traten in einer Zuchtfamilie Hunde mit einer medianen Nasenspalte auf. Dies ist eine Missbildung in der vorderen Schnauzenpartie, die oft den ganzen Nasenknorpel hinabreicht und eine starke Deformation der Zahnstellung im Oberkiefer verursachen kann. Der spaltnasige Hund sieht furchterregend aus, weil er dauernd die Zähne bleckt. Vielleicht war es Zufall, vielleicht hängt es tatsächlich mit der Missbildung zusammen, jedenfalls waren diese Hunde besonders scharf und angriffsfreudig.

So wurde lange und ernsthaft darüber diskutiert, ob nicht die Spaltnase als Merkmal besonderer Wachsamkeit in den Standard des Berner Sennenhundes aufgenommen werden sollte. Den letzten dieser »Spaltnäsler« traf ich in den fünfziger Jahren in einem Tierheim bei Bern (Abb. 54).

Solche Meinungen mögen uns heute lächerlich erscheinen, aber wie weit sie auf Erfahrungstatsachen beruhen, hat bis heute niemand untersucht. Möglicherweise würde sich bei einer breit angelegten Untersuchung herausstellen, dass bestimmte körperliche Merkmale auf bestimmte psychische oder sinnesphysiologische Leistungen schließen lassen. Der tschechische Kynologe Frantisek Horák glaubt jedenfalls, bei Jagdhunden solche Korrelationen gefunden zu haben, aber sein Untersuchungsmaterial ist zu gering, um beweiskräftig zu sein.

*Abb. 54.
Berner Sennenhund mit medianer Nasenspalte.
Foto: Weber, 1955.*

## NEUORIENTIERUNG IM 19. JAHRHUNDERT

Während Jahrhunderten spielten die Leistungen, die ein Hund für den Menschen erbrachte, die wichtigste Rolle. Die züchterische Auslese geschah vorwiegend im Hinblick auf die Gebrauchstüchtigkeit. Das Aussehen war zweitrangig und spielte nur dann eine Rolle, wenn sie mit der geforderten Leistung in Zusammenhang stand. Was für den vorgesehenen Zweck nicht taugte, wurde unnachsichtig eliminiert, oder, wie ein einst bekannter Kynologe schrieb, »in Hundefett umkastriert«.

Das änderte sich fast schlagartig in der zweiten Hälfte des 19. Jahrhunderts. Bedeutende gesellschaftliche Veränderungen, zum Beispiel die Bildung eines wohlhabenden Mittelstandes in vielen europäischen Staaten, eine einsetzende Industrialisierung, die Verstädterung der Bevölkerung in Mittel- und Westeuropa und - nicht zuletzt - Darwins Lehre von der Evolution der Lebewesen sowie das Bekanntwerden der Mendelschen Vererbungsgesetze, führten zu einer grundlegenden Veränderung in den Methoden der Tierzucht. Mehr und mehr trat in der Hundezucht der Gebrauchszweck in den Hintergrund, und der äußeren Erscheinung wurde großes Gewicht zugemessen. Hundezucht wurde zu einer

Liebhaberei, zu einem Sport, zu einem Hobby.

Neue Rassen entstanden, indem man alte bestehende »Landrassen«, zum Beispiel die englischen Terrier, in verschiedene Rassen aufgliederte. Manchmal spielte für die Kreierung einer neuen Rasse der reine Zufall eine Rolle. So wird zum Beispiel erzählt, Colonel Sir Edward Donald Malcolm auf Poltalloch habe auf der Jagd seinen Lieblingshund, einen braunroten Terrier, erschossen, weil er ihn für einen Fuchs gehalten habe. Fortan beschloss er, dass auf Poltalloch nur noch weiße Terrier gezüchtet werden sollten, und die Poltalloch Terrier wurden dann zu einer der wichtigsten Säulen der West Highland White Terrier Zucht. Ob die Anekdote stimmt oder nicht, lässt sich nicht mehr nachweisen, aber völlig unwahrscheinlich ist sie nicht.

Im Jahre 1908 führte der große Förderer des Berner Sennenhundes, Franz Schertenleib, auf einer Hundeausstellung in Langenthal dem Richter Prof. A. Heim einen ungewöhnlich starken, aber kurzhaarigen »Berner Sennenhund« vor, den er im Gurnigelgebiet gesehen und der Kuriosität halber gekauft hatte. Jeder andere Richter hätte den Hund wohl als kurzhaarigen und für die Zucht deshalb wertlosen Berner Sennenhund aus dem Ring entlassen. Nicht so Prof. Heim. Mit Kennerblick sah er hier sofort die Möglichkeit einer neuen Sennenhundrasse und gab dem Hund spontan den Namen »Großer Schweizer Sennenhund« und entließ ihn als ersten Vertreter einer soeben aus der Taufe gehobenen neuen Rasse aus dem Ring. So hat auch hier der Zufall eine neue Hunderasse in die Kynologie eingeführt.

Überall wurden ab Mitte des 19. Jahrhunderts kynologische Vereine gegründet und Zuchtbücher angelegt. Die Züchter erkannten, dass Hunderassen keine unwandelbaren, starren Einheiten, sondern einem ständigen Wandel unterworfen sind und deshalb sich grundlegend ändern oder gar verschwinden können. Um eine einmal geschaffene Rasse erhalten zu können, musste sie vorerst einmal genau umschrieben werden. So stellte man die ersten Standards oder, wie man damals sagte, »Points« auf. Meistens stand ein einzelner Hund, den man als besonders rassetypisch betrachtete, Modell für den Standard, der nun allgemeine Gültigkeit haben sollte. Diese Standards umschrieben möglichst genau die physischen und psychischen Eigenschaften einer Rasse, an die sich nun Züchter und Ausstellungsrichter halten sollten. Doch es ist nicht leicht, einen Text in ein visuelles Bild umzusetzen, der individuellen Interpretation ist stets ein gewisser Spielraum gesetzt (Abb. 55).

Wie extensiv die Standards damals noch ausgelegt wurden, zeigt das Beispiel eines Hundes, der in Berlin als »Alpenhund«, in Hamburg als »Bernhardiner« und in Stuttgart als »Leonberger« jeweils erste Preise gewann. Da vor allem in England die maßgebenden Züchter häufig auch Pferdezüchter waren, wurden

*Abb. 55. Der Rassestandard und seine Interpretation. Die sprachliche Formulierung reicht oft nicht aus, um ein Erscheinungsbild eindeutig und unmissverständlich zu definieren. Zudem ist es recht schwierig, einen geschriebenen Text in ein visuelles Bild umzusetzen. Das führt oft zu einer unterschiedlichen Beurteilung des gleichen Hundes durch zwei verschiedene Richter. Aus Althaus und Nussbaumer, 1983.*

viele Beurteilungskriterien aus der Pferdezucht auf die Hunde übertragen, Kriterien, die ein Hund aufgrund einer völlig anderen anatomischen Konstruktion gar nicht erfüllen kann.

Das Skelett eines Pferdes wird durch starre Sehnenbänder zusammengehalten, das Skelett des Hundes aber vorwiegend durch die Muskulatur. Ein Hund ermüdet schon im ruhigen Stehen und verändert deshalb ständig seine Körperhaltung; ein Pferd kann stundenlang reglos stehen, ohne dass sich seine Körperkonturen stark verändern. Diesen Verschiedenheiten wird oft noch heute von Richtern bei der Beurteilung eines Hundes zu wenig Rechnung getragen, und so kommt es mitunter zu recht unterschiedlichen Bewertungen eines Hundes durch verschiedene Richter. Sie schwanken im Extremfall vom Siegertitel bis hinunter zur Qualifikation »gut«.

Die Zucht einer neuen Rasse begann recht häufig mit sehr wenig Tieren. Der englische Setterzüchter Laverack hat die Rasse des English Setters auf zwei Tieren aufgebaut und generationenlang ohne Zuführung fremden Blutes gezüchtet. Für den Appenzeller Sennenhund lassen sich elf Hunde eruieren, auf denen die Reinzucht aufgebaut worden ist. Noch enger war die Zuchtbasis zu Beginn der Reinzucht des Großen Schweizer und des Entlebucher Sennenhundes.

Für die Anerkennung einer neuen Rasse verlangt die Fédération Cynologique Internationale (FCI) heute eine Population von mindestens acht getrennten Zuchtlinien mit mindestens zwei Deckrüden und sechs Hündinnen in jeder dieser Linien und zudem eine Gesamtpopulation von 800 registrierten Hunden (FCI-Magazin 10/1993). Hätten die Züchter im 19. Jahrhundert nach solchen Vorschriften arbeiten müssen, dann hätten wir heute statt zwölf hochläufigen Terrierrassen einen hochläufigen Einheitsterrier, und statt vier Schweizer Sennenhunden einen einzigen Einheits-Sennenhund.


## RASSEWANDEL

Panta rhei - alles fließt - sagt ein fernöstliches Sprichwort. Das gilt auch für die Zucht von Rassehunden. Wie schon im vorhergehenden Kapitel gesagt, sind Hunderassen keine starren, unwandelbaren Einheiten. Im Gegenteil, es sind dynamische Einheiten, die sich im Laufe weniger Generationen sehr stark verändern können. Alte Rassen können verschwinden, neue entstehen.

Wo nach wie vor der Gebrauchszweck im Vordergrund steht, sind dem Rassewandel freilich recht enge Grenzen gesetzt. Für die Zuchtauslese stehen auch weiterhin diejenigen körperlichen und psychischen Eigenschaften im Vordergrund, die den Hund befähigen, die von ihm verlangte Arbeit leisten zu können. Große Abweichungen vom anatomischen Grundbauplan des Lauf-Raubtieres sind kaum möglich. Wo jedoch eine bestimmte Arbeitsleistung kaum mehr gefragt ist, da spielen die sich stets ändernden Ansichten darüber, was der Mensch als schön, leider auch oft - zu oft! - als besonders auffällige Besonderheit empfindet, eine große Rolle. So haben sich etliche Rassen weit vom ursprünglichen Rassenbild entfernt, und bei vielen Rassen stimmen die Forderungen des Standards längst nicht mehr mit dem heutigen Rassebild überein. Und trotzdem behaupten die Richter, sie würden die Hunde strikt nach dem Wortlaut des Standards beurteilen!

Ein Standard hat eine beschränkte Gültigkeitsdauer, weil kaum eine Rasse über Generationen unverändert bleibt. Entweder muss man den Standard von Zeit zu Zeit dem veränderten Rassebild anpassen oder aber züchterisch dafür Sorge tragen, dass die Rasse über Generationen unverändert bleibt. Das trifft aber kaum für eine der heutigen Rassen in vollem Umfang zu.

Die Reinzucht fast aller heutigen Rassen lässt sich nur bis zur Mitte des 19. Jahrhunderts zurückverfolgen. Gemessen an der Geschichte des Haushundes ist das eine sehr kurze Zeit, aber in den hunderten von Jahren vorher hat keine derartige Aufspaltung des Hundes in verschiedene Rassen stattgefunden, wie in den letzten 150 Jahren. Und wenn wir die Bilder von Rassehunden aus der Zeit um die Jahrhundertwende mit den Bildern heutiger Vertreter einer Rasse vergleichen, so scheint es manchmal fast unwahrscheinlich, dass wir es mit Hunden der gleichen Rasse zu tun haben.

Verhängnisvoll wurden einigen Rassen Standardbestimmungen, die zu anatomischen Defekten führen können, und noch verhängnisvoller ist es, wenn diese Defekte bei einer Rasse als besonders rassentypisch und schön empfunden werden. Ich werde nochmals darauf zurückkommen.

Ohne Zweifel haben viele Rassen eine Entwicklung durchgemacht, die zu ästhetisch ansprechenden Formen geführt haben. Man könnte sagen, dass Züchter wie Künstler aus einem rohen Block ein vollendetes Kunstwerk geschaffen haben. Vergleichen wir zum Beispiel die Deutsche Boxer-Hündin »Meta von der Passage« (Abb. 56), die allgemein als Stammmutter vieler heutiger Boxer gilt, mit dem Bild einer heutigen Siegerhündin, so kann man kaum glauben, dass es sich um die gleiche Rasse handelt und kaum jemand wird »Meta« als besonders schön empfinden. Ein weiteres Beispiel für eine durchaus positive Entwicklung zeigt uns der Vergleich der Pudel-Hündin »Silver Lady« aus dem Jahre 1907 mit der Erscheinungsform eines heutigen Großpudels (Abb. 57).

Wie rasch sich innerhalb kurzer Zeit das Bild einer Rasse grundlegend verändern kann, will ich an drei Beispielen aufzeigen. Der heute noch gültige Standard des Zwergschnauzers beschreibt immer noch einen Hund, wie er um das Jahr 1950 als Ideal galt (Abb. 58). Doch um die Mitte der siebziger Jahre tauch-

*Abb. 56. Boxerhündin Meta von der Passage. Sie gilt als Stammhündin vieler heutiger Boxer.*

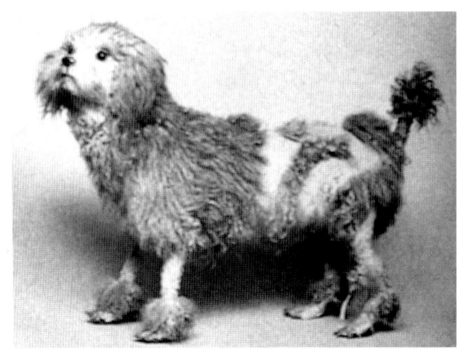

*Abb. 57. Pudelhündin Silver Lady aus dem Jahre 1907. Rothschild Museum Windsor.*

*Abb. 58. Zwergschnauzer aus dem Jahre 1960. Foto: R. A. Rothe.*

ten Hunde mit sehr steiler Vorhand auf. Zwischen Schulterblatt und Oberarm bestand kaum noch ein Winkel, weshalb auch die vom Standard geforderte Vorbrust fehlte. Der Kopf war terrierartig schmal und das Haar an den Läufen seidig weich. Obschon dieser Typ dem Standard bereits nicht mehr entsprach, standen diese Hunde auf den Ausstellungen auf den vordersten Rängen (Abb. 59).

Und die Entwicklung ging sehr rasch in dieser Richtung weiter. Abb. 60 zeigt einen Zwergschnauzer, den »Best of Breed« der Cruft's Dog Show 1996. Aus dem unverbildeten, pflegeleichten Hund mit dem harschen Haar und dem funktionell einwandfreien Gebäude ist ein ganz anderer Hund geworden, obwohl der Standard immer noch den Hund beschreibt, wie er um 1950 als rassetypisch betrachtet wurde.

Als zweites Beispiel erwähne ich den Bergamasker Hirtenhund. Eine der ersten Züchterinnen, die in der Schweiz Bergamasker züchtete, war Frau Schreiber aus Summaprada. Ihr Siegerhund »Alpino« war ein struppiger, aber beweglicher Hirtenhund (Abb. 61), der seinen Dienst bei den Schafherden mit großer Ausdauer versah. Ende der sechziger Jahre tauchten die ersten Hunde mit verfilzten Haarplatten bei Ausstellungen auf (Abb. 62).

Richter und Züchter, nicht aber Frau Schreiber, fanden Gefallen an diesen Hunden. Und heute ist ein Siegerhund über und über mit Filzplatten und Haar-

*Abb. 59. Zwergschnauzer Anfang der achtziger Jahre.*

*Abb. 60. »Best of Breed«, der Zwergschnauzer auf der Cruft's Dog Show 1996.*

*Abb. 61. Bergamasker Siegerhund aus den dreißiger Jahren.*

*Abb. 62. Bergamasker aus den achtziger Jahren.*
*Aus Wilcox und Walkowicz, »Kynos Atlas-Hunderassen der Welt«, 1995.*

*Abb. 63. Bergamasker Siegerhund der neunziger Jahre.
Aus Wilcox und Walkowicz, »Kynos Atlas-Hunderassen der Welt«, 1995.*

zotten bedeckt (Abb. 63). Vom ehemaligen Gebrauchshund ist kaum mehr etwas übrig geblieben, und keinem Schäfer würde es einfallen, einen derartigen Hund bei der Herde einzusetzen!

Eine starke Veränderung erfuhr als drittes Beispiel der Peking Palasthund. Die direkt aus China stammende Hündin »Ah cum«, geboren 1885, heute als Präparat im Rothschild Museum in Windsor ausgestellt (Abb. 64), hat gerade Vorderläufe und konnte deshalb normal gehen. In einem Richterbericht werden ihre geraden Vorderläufe ausdrücklich lobend hervorgehoben. Beim heutigen Pekingesen müssen die Vorderläufe gebogen sein, was laut Standard einen »vornehmen Gang mit Ruderbewegungen« ergibt. Anatomisch richtige, gerade Vorderläufe gelten als fehlerhaft. Dieser Standard ist widersprüchlich. Einerseits verlangt er wörtlich, »die gesunde Funktionsfähigkeit ist von essentieller Bedeutung«, einige Zeilen weiter unten lesen wir dann aber, »die Vorderhand zeigt eine würdevolle, langsam rollende Bewegung«. Eine »rollende Bewegung« und »gebogene schwere Knochen« widersprechen jedoch der »gesunden Funktionsfähigkeit«. Die kleinen anatomischen Abweichungen vom ursprünglichen Typ, die schrittweise zu markanten Änderungen des Rassebildes führen, lassen sich nur für sehr wenige Rassen dokumentarisch verfolgen, weil - außer einiger Bilder -

*Abb. 64.
Peking
Palasthund
»Ah cum«,
geb. 1885.
Rothschild
Museum
Windsor.*

das notwendige osteologische Vergleichsmaterial fehlt.

Zwei der wenigen Rassen, bei denen wir über ausreichendes Material verfügen, um die schrittweisen Veränderungen der Schädelform aufzuzeigen, sind der St. Bernhardshund und der Bullterrier. Entgegen der immer wieder behaupteten Mär über die Abstammung des St. Bernhardshundes von der Tibetdogge muss festgehalten werden, dass diese Abstammungstheorie durch keinerlei osteologische Funde belegt werden kann. Die ersten Hunde, die um das Jahr 1660 als Wachhunde auf das Hospiz des Großen St. Bernhards kamen, waren so genannte »Küherhunde« aus den Wallisertälern. Es waren relativ große Hunde, deren Schädelform nur unwesentlich vom Schädel eines Wolfes abwich (Abb. 65).

Die Hunde dieses Hospiz hatten kaum Kontakt mit den größeren Populationen der Talhunde, so dass sich in der Abgeschiedenheit des Hospiz innerhalb weniger Generationen »Lokalschläge« herausbilden konnten, die jedoch mehrmals wieder wegen Unfruchtbarkeit der Hündinnen ausstarben. Die noch vorhandenen Schädel dieser alten Hospizhunde sind recht verschieden, es lassen sich jedoch mindestens zwei differente Typen unterscheiden, die zur gleichen Zeit auf dem Hospiz lebten.

Die großen Schädel stammen von einem relativ kurznasigen Typ, wie ihn ein unbekannter Maler 1695 abgebildet hat (siehe Abb. 38, Seite 74). Die kleinen Schädel sind flacher und lassen sich von Schädeln der »Küherhunde« nicht

*Abb. 65. Schädel eines Küherhundes um 1890.*
*Albert Heim Stiftung, Foto: M. Nussbaumer.*

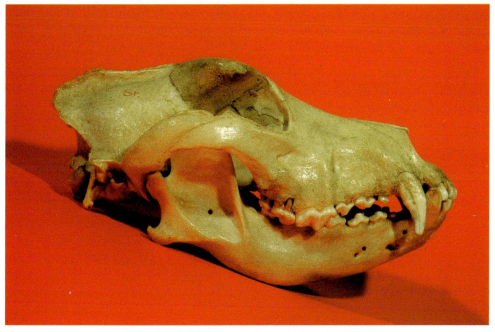

*Abb. 66. Schädel von Barry I., geb. 1880.*
*Albert Heim Stiftung, Foto: M. Nussbaumer.*

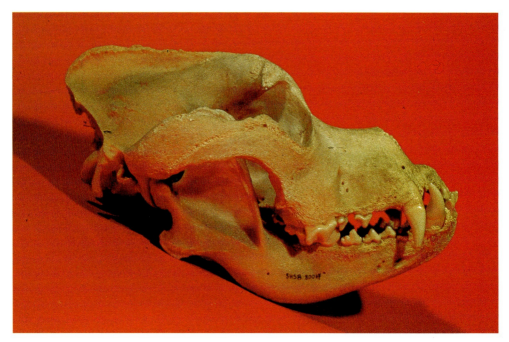

*Abb. 67. Schädel eines Bernhardiners aus den achtziger Jahren. Albert Heim Stiftung, Foto: M. Nussbaumer.*

unterscheiden. Der berühmteste Hospizhund, Barry I, hatte einen eher kleinen, gestreckten »Küherhundschädel« ohne deutlichen Stop (Abb. 66). Der erste Züchter, der St. Bernhardshunde stammbuchmäßig züchtete, war Heinrich Schumacher in Bern. Er hielt an diesem »Barrytyp« fest, aber er konnte sich nicht gegen diejenigen Züchter, vor allem gegen die Engländer, durchsetzen, die Hunde mit schweren Köpfen bevorzugten. Die »genetische Drift« (Czihak, Langer und Ziegler, 1976) ging nun rasch Richtung Doggentyp (Abb. 67).

Eine Rekonstruktion des ehemaligen »Barrytyps« wäre aus den heutigen St. Bernhardshunden nicht mehr möglich, weil die genetische Grundlage dazu durch den Genverlust verloren gegangen ist.

Die zweite Rasse, für die wir ein ausreichendes Dokumentationsmaterial besitzen, ist der Bullterrier. Ursprünglich hatte er eine normale Schädelform, die sich kaum vom Schädel eines Deutschen Schäferhundes unterschied. Um 1920 traten die ersten Hunde mit einer schwachen Knickung der Schädelachse auf. Dieser »Ramsnasenkopf« war ursprünglich sicher nicht gewollt und sicher kein Zuchtziel. Es handelte sich um eine Mutation, vermutlich um eine zufällige Anreicherung mutierter Gene, die dann, weil die englischen Züchter Gefallen an dieser neuen Kopfform fanden, durch gezielte Inzucht nach wenigen Generationen zu einem grundlegenden Rassewandel führte. Abb. 68 zeigt die verschie-

*Abb. 68.
Bullterrier-Schädel aus
den Jahren 1930-1990.
Albert Heim Stiftung,
Foto: M. Nussbaumer.*

nen Zwischenstufen vom ursprünglichen Schädel bis zum heutigen »Downface«. Der österreichische Kynologe E. Hauck, der ab 1905 Bullterrier züchtete, wehrte sich energisch - aber vergeblich - gegen diesen »Winkelkopf«.

Wie beim Bernhardiner könnte man aus den heutigen Bullterriern den ursprünglichen Typ nicht mehr rekonstruieren, weil die genetische Grundlage für eine derartige Rückführung nicht mehr vorhanden ist.

Eine einmal einsetzende »genetische Drift« auf ein bestimmtes Merkmal hin, kann die Stabilität eines gewünschten Rassebildes erschweren. So kämpfen vor allem die Züchter aller Sennenhunderassen gegen die »Drift« zu Kurzschnauzigkeit und starkem Stop.

## Zusammenfassend:
»Dem züchterischen Wollen und Vermögen sind Grenzen gesetzt, wenn es

darum geht, eine Rasse zu stabilisieren, beziehungsweise zu vereinheitlichen.« (Huber, 1983). Bei keiner Rasse, Art oder Unterart - auch nicht bei Wildtieren - gibt es erbmäßig eine absolute Einheitlichkeit. Jedes Individuum besitzt sein eigenes Erbinventar, das sich von dem der anderen Individuen der gleichen Rasse (bei Wildtieren der gleichen Art) unterscheidet. Die Gesamtheit aller Erbinventare einer Rasse (bei Wildtieren einer Art) nennen die Genetiker Genpool (Erbvorrat). Jedes Individuum bezieht sein individuelles Erbinventar aus diesem Genpool, der tausende von Erbfaktoren enthält, die die Ausbildung aller sichtbaren und unsichtbaren Eigenschaften steuern. Je mehr Gene bei allen Individuen einer Rasse oder Art übereinstimmen, desto einheitlicher wird das Erscheinungsbild der gesamten Population. Von einer unbekannten Zahl von Genen gibt es zwei oder mehrere Mutationen, die gleichsam das »genetische Reservoir« bilden, aus dem neue Rassen entstehen können. Je mehr der Mensch die Wahl der Zuchtpartner einschränkt, desto mehr kommt es zu einer Ansammlung der mutierten Gene und gleichzeitig zum Verlust anderer Gene. So entstehen bei einer Hunderasse vorerst einmal abweichende Typen, die bei einer weiteren, durch den Züchter verursachten Selektion zu einer neuen Rasse führen können.

Neue Rassen konnten und können auch in Zukunft entstehen, wenn zwei verschiedene Rassen miteinander gekreuzt und die neu entstandenen Typen durch Inzucht erblich gefestigt werden. Beispiele derartiger Neurassenbildungen in jüngerer Zeit sind die Eurasier, der Kromfohrländer und der Cesky Terrier.

Weil bei der Domestikation eines Wildtieres Erbeigenschaften verloren gehen, die nicht mehr zurück gewonnen werden können, bleibt auch ein verwildertes Haustier ein Haustier und kein Wildtier. Es ist deshalb, ich wiederhole es, Unsinn, wenn man heute die Bedürfnisse des Hundes an der Lebensweise des Wolfes messen will; der Haushund ist kein gezähmter Wolf. Das gilt unter anderem auch für die herrenlosen Parias.

Die große Variabilität des Haushundes führt bei allen Rassen zu einer ständigen Veränderung des Phänotyps, die über den vom Standard gesetzten Rahmen hinaus gehen kann. Und wenn diese Veränderungen durch Züchter und Richter gefördert werden, so ist später eine Rückkehr zum ursprünglichen Typ nicht mehr möglich, weil der durch die Inzucht entstandene Genverlust nicht mehr korrigiert werden kann. In kleinen Populationen entsteht einerseits durch den Genverlust und andererseits durch eine Anhäufung neuer Mutationen eine »genetische Drift«, die zu einer, vom Züchter ursprünglich gar nicht gewollten Überbetonung bestimmter Rassemerkmale führt. Wie weit diese »genetische Drift« den Bestand einer Rasse gefährden kann, soll im nachfolgenden Kapitel an einigen Beispielen aufgezeigt werden.

# Kapitel 6

# HUNDEZUCHT UND TIERSCHUTZ

**DE GUSTIBUS NON EST DISPUDANDUM**
Das altrömische Sprichwort »Über den Geschmack lässt sich nicht streiten« gilt auch für die Zucht von Rassehunden. Sehen wir einmal von den Absurditäten der Pudelschuren ab, die wir jeweils auf einer Cruft's Dog Show in Birmingham »bewundern« können, so bleibt dennoch der verbreitete Wunsch der Hundezüchter, bestimmte, rassetypische Merkmale züchterisch zu übertreiben. Das hat bei einigen Rassen zu absonderlichen Auswüchsen geführt, und man hat vergessen - und vergisst es immer noch - dass *biologische Grenzen* auch in der Zucht von Haustieren eingehalten werden müssen und *nicht ungestraft* überschritten werden dürfen.

Wenn ich nun hier auf einige dieser unbiologischen Auswüchse näher eingehen will, so geschieht dies nicht, um die betroffenen Rassen zu diskriminieren, sondern in der Sorge um die Zukunft des Rassehundes.


**DER RASSEHUND IST UNTER BESCHUSS GERATEN**
Qualzuchten, Extremzuchten, Defektzuchten, Problemzuchten, so lauten die Schlagwörter, die immer wieder, vor allem zur »Saure Gurkenzeit« in den Medien auftauchen. Sie sind nicht dazu angetan, das Ansehen der Rassehunde in weiten Kreisen der Bevölkerung zu fördern. Im Gegenteil, der Rassehund wird dabei pauschal diskriminiert, und die sichtbare Folge dieser Diskriminierung ist der Zuwachs der Mischlinge. Exakte Zahlen fehlen zwar, aber die Eintragungen in die Zuchtbücher sind doch einigermaßen aufschlussreich. Seit rund 20 Jahren pendelt die Zahl der ins Schweizer Hundestammbuch eingetragenen Hunde um die Zahl 12.000, aber in der gleichen Zeit hat die Zahl der Hunde in der Schweiz nach zuverlässigen Schätzungen um 70.000 bis 80.000 zugenommen. Diese Zunahme bilden die Mischlinge, die wöchentlich zu Hunderten in den einschlägigen Zeitschriften zum Kauf angeboten werden.

Was wird nun aber unter dem Begriff »Qualzucht« verstanden? Alles mögliche! Eine eindeutige Definition, wo »Qualzucht« beginnt und was als Abweichung von der Norm noch zu dulden ist, fehlt. Hier haben unbeschäftigte Beamte der EU in Brüssel noch ein weites Betätigungsfeld vor sich!

Ein Dackelbesitzer wird die Kurzbeinigkeit seines Hundes kaum als Qual-

*Abb. 69. Die extreme Kurzbeinigkeit dieses Englischen Champions ist nicht mehr akzeptierbar und gehört unter den Begriff »Extremzucht«.*
*Foto: E.-M. Krämer, D-53814 Neunkirchen-Seelscheid.*

zucht bezeichnen. Wenn aber dieses Merkmal so übertrieben wird, wie das Bild eines Englischen Champions zeigt (Abb. 69), dann wird hier die Grenze eindeutig überschritten.

Die große genetische Variabilität des Hundes musste den Menschen geradezu herausfordern, immer wieder neue Formen zu fördern, auch wenn diese anatomisch stark, und in nicht mehr verantwortbarer Weise, vom Grundbauplan der Caniden abwichen. Gegen solche Abweichungen ist nichts einzuwenden, solange ihnen nicht die Gesundheit des Hundes zum Opfer fällt!

Immer noch gilt mehr denn je, was der Anatom und große Hundefreund, Prof. E. Seiferle, in der Festschrift »100 Jahre Schweizerische Kynologische Gesellschaft« den Züchtern und Richtern als Richtschnur für ihre Tätigkeit ans Herz gelegt hat: »Im Interesse unserer zweifellos hochentwickelten Rassenhundezucht scheint es mir nachgerade an der Zeit, sich endlich darauf zu besinnen, wie sich neben dem Exterieur auch der Gesundheitszustand und die Wesensverfassung unserer Hunde züchterisch verbessern lässt ... Das wirklich Wertvolle unserer Hunde ist nach wie vor nicht ihre ›Schale‹, sondern deren ›Inhalt‹.«

# Kapitel 7

# EINIGE BEISPIELE PROBLEMATISCHER ZUCHTZIELE

**EXTREME KURZSCHNAUZIGKEIT**
Eine extreme Verkürzung des Oberkiefers führt zu einem übertriebenen Vorbiss und in vielen Fällen zu einer schlechten Zahnverankerung. Der Schädel des berühmten Bernhardiners »Barry I« (siehe Abb. 66, Seite 127) weist zwar eine, verglichen mit dem ursprünglichen »Küherhundschädel«, deutliche Verkürzung des Oberkiefers auf, aber der Zahnschluss ist noch normal. Beim heutigen Bernhardiner wird zwar ein normaler Zahnschluss angestrebt, doch ein leichter Vorbiss geduldet. Was heißt aber leicht? Jeder Richter kann den Begriff »leicht« nach Gutdünken interpretieren. Tatsache ist jedenfalls - die Schädelsammlung der Albert Heim Stiftung im Naturhistorischen Museum in Bern liefert eindrückliche Beispiele dafür - dass bei vielen heutigen Bernhardinern der Vorbiss zu groß und der Zahnschluss schlecht bis katastrophal ist (Abb. 70).

Noch schlimmer ist die Situation bei der Bordeaux Dogge. Der Hund »Turk«, heute im Rothschild Museum in Windsor ausgestellt (Abb. 71), hatte einen zwar verkürzten Oberkiefer, aber er besaß noch einen intakten Zahnschluss (Abb. 72). Unterdessen ist das Gesicht der Bordeaux Dogge extrem kurz geworden und entsprechend katastrophal ist bei etlichen Hunden das Gebiss (Abb. 73).

Schlimm wirkt sich der Trend zu einer extremen Kurzschnauzigkeit beim Pekingesen aus. Sein Kopf entspricht in hohem Maße dem Lorenz'schen Kindchenschema und nimmt mit den nach vorne gerichteten großen Augen geradezu einen primatenähnlichen Ausdruck an. Das verführte die Züchter zur Zucht von immer kurznasigeren Hunden.

Heute liegt von der Seite gesehen beim Pekingesen die Nasenkuppe hinter der Stirnlinie, die Augen müssen möglichst groß und »ausdrucksvoll« sein. Das hat für den Hund schwerwiegende Folgen. Die Augen sind nicht mehr in tiefen knöchernen Höhlen verankert, sondern die Augenhöhlen sind flach geworden, so dass ein extrem leichter Druck genügt und die Augen fallen aus den Augenhöhlen (Abb. 74). Die hervorstehenden »Glotzaugen« begünstigen die Entstehung von Hornhautverletzungen und im schlimmsten Falle von Hornhaut-

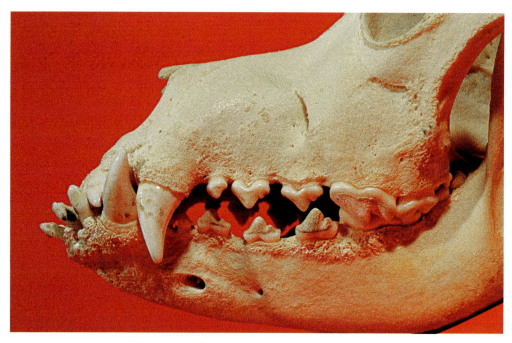

*Abb. 70. Starker Vorbiss und schlechte Zahnverankerung bei einem Bernhardiner aus den achtziger Jahren. Albert Heim Stiftung, Foto: M. Nussbaumer.*

*Abb. 71. Bordeaux Dogge »Turk«. Rothschild Museum Windsor.*

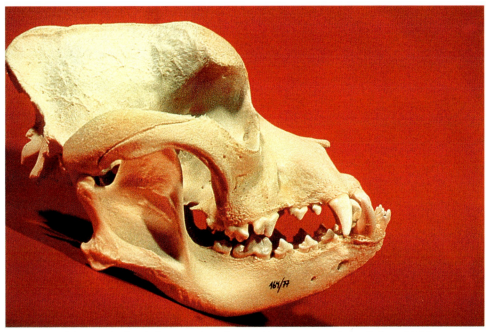
*Abb. 72. Schädel einer Bordeaux Dogge aus dem Jahre 1920.
Albert Heim Stiftung, Foto: M. Nussbaumer.*

*Abb. 73. Schädel einer modernen Bordeaux Dogge mit sehr schlechter
Zahnverankerung. Albert Heim Stiftung, Foto: M. Nussbaumer.*

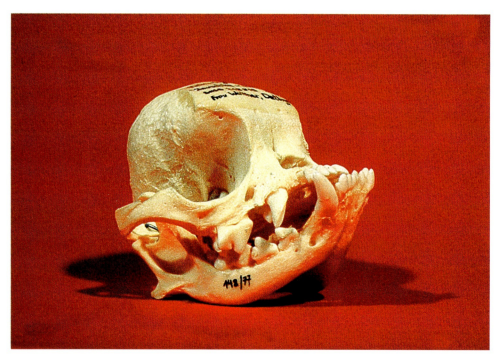

*Abb. 74 Pekingesen-Schädel. Die Augenhöhlen sind extrem flach. Bei einem leichten seitlichen Druck fallen die Augen aus den Höhlen.*
*Albert Heim Stiftung, Foto: M. Nussbaumer.*

geschwüren, weil oft die Wimpern nach innen gerichtet und bisweilen sogar doppelte Wimpernreihen vorhanden sind.

Keratitis (Hornhautentzündung) und Hornhautgeschwüre sollen nach Wegner (1979) beim Pekingesen das Zwölffache und beim ebenfalls extrem kurzschnauzigen Mops gar das Fünfzigfache der durchschnittlichen Häufigkeit betragen. Mit der Verkürzung der Schnauze hängen seitliche Gesichts- und Oberlippenfalten zusammen, die oft Ursache hartnäckiger Dermatiden (Hautentzündungen) und Ekzeme sind.

Betroffen von dieser fatalen Entwicklung ist auch der Chow Chow. Noch 1930 hatte der Chow Chow zwar einen recht breiten, aber normalschnauzigen Schädel. Dieser Schädelform entsprach ein normal gebauter Hund mit einem zwar ernsten, aber durchaus sympathischen Gesichtsausdruck (Abb. 75). Ab 1950 wird der Schädel des Chow Chows sichtbar kürzer (Abb. 76), woraus sich eine wesentliche Veränderung des Gesichtsausdrucks ergibt. Der vom Standard geforderte »Scowl« (ernster Gesichtsausdruck) verkam zu einer unerfreulichen Faltenbildung im Gesicht, die oft die Augen des Hundes fast verdeckt. Wie die

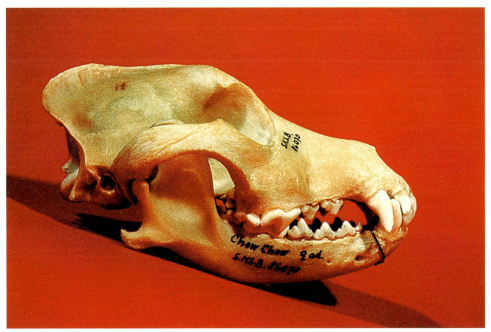

*Abb. 75. Chow Chow-Schädel aus dem Jahre 1930.*
*Albert Heim Stiftung. Foto: M. Nussbaumer.*

*Abb. 76. Chow Chow-Schädel aus dem Jahre 1980.*
*Albert Heim Stiftung, Foto: M. Nussbaumer.*

Bilder heutiger Ausstellungssieger zeigen, geht der Trend weiter in Richtung übermäßiger Faltenbildung. Dazu kommt bei dieser Rasse, zwar unabhängig von der Veränderung der Schädelform noch eine anatomisch fehlerhafte Winkelung der hinteren Gliedmaßen. Diese »Stuhlbeinigkeit« verursacht eine unphysiologisch stelzende Gangart.

Der übertriebene Vorbiss kann bei einigen Rassen (Mops, Brüsseler Griffon, Pekingese und andere mehr) dazu führen, dass die Mutterhündin bei der Geburt die Fruchthüllen der Welpen nicht mehr aufreißen kann. Und weil die beiden Reißzähne des Ober- und Unterkiefers nicht mehr richtig zueinander stehen, haben diese Hündinnen auch Mühe mit dem Abnabeln der Welpen. Ohne Hilfe des Züchters müssten die Welpen ersticken.

Weil sich der extreme Vorbiss erst nach einigen Wochen entwickelt, können auch extrem brachycephale Welpen normal saugen, eine frühzeitige Selektion auf ein noch lebenstaugliches Maß findet deshalb nicht statt.

Der starke »Stop« der kurznasigen Rassen ist nicht selten mit Nasenkuppen- und Gaumenmissbildungen gekoppelt, die dem Hund Atembeschwerden verursachen können. Solange sich diese nur in lautem Schnarchen des schlafenden Hundes bemerkbar machen, ist das weiter nicht so schlimm, wohl aber dann, wenn sie zu einem Kreislaufkollaps führen, weil der Hund gemäß seiner psychischen Struktur als Lauf-Raubtier beim Spielen mit anderen Hunden herumrennen möchte. Der junge Hund »weiß« offensichtlich nicht, dass wegen seines unbiologischen Körperbaus Wollen und Können nicht mehr übereinstimmen.

Problematisch ist bei vielen brachycephalen Rassen der unbiologische Kopfumfang. Beim English Bulldog verlangt der Standard einen Kopfumfang, der der Schulterhöhe des Hundes entspricht. Ein Hund, der »nur« diesen Schädelumfang aufweist, hat zur Zeit im Ausstellungsring keine Aussicht auf einen Titel. Ein internationaler Champion der letzten Jahre hatte im konkreten Fall bei einer Schulterhöhe von 39 cm einen Schädelumfang von 57 cm! Es verwundert kaum, dass bei einem solchen Kopf und dem relativ schmalen Becken der Kaiserschnitt vorprogrammiert ist. Es sei allerdings nicht verschwiegen, dass es auf dem Kontinent vereinzelte Züchter gibt, die beim English Bulldog wieder zu einer vertretbaren Anatomie zurückkehren möchten. Die Siegerhunde auf der Cruft's Dog Show zeigen aber, dass die für den Standard verantwortlichen und in der Zucht maßgebenden Engländer von einer solchen Rückkehr nicht viel halten.

### HAUTFALTEN, HÄNGENDE AUGENLIDER, ZU LANGE OHREN
Ursächlich nicht mit Skelettveränderungen (Kurzschnauzigkeit) zusammenhängend, ist eine extreme Hautfaltenbildung bei einigen Rassen. Betroffen sind vor

*Abb. 77.
Der Shar Pei wird durch
seine Kopfform genügend
charakterisiert. Auf
Hautfalten am Körper
sollte verzichtet werden.
Foto: E. Piatti.*

allem Shar Pei, Bernhardiner und Mastino Napoletano. Die für viele große Doggenartige charakteristische Halswamme (Bernhardiner, Mastino Napoletano und andere mehr) mag für den Hund kein störendes »Schönheitsmerkmal« sein, sofern man hier noch von »Schönheit« sprechen will. Gravierender wird die übermäßige Hautfaltenbildung auf der Stirn beim Bloodhound und beim Bassethound. Die lose Stirnhaut hängt bisweilen über die Augen und bedingt dann eine operative Entfernung eines Stückes Stirnhaut, damit der Hund wieder richtig sehen kann.

Geradezu monströs kann die Hautfaltenbildung beim Shar Pei werden. Sie ist als Rassemerkmal durchaus unnötig, denn die »Nilpferdschnauze« (Abb. 77) und die kleinen, nach vorne gerichteten Klappohren charakterisieren den Shar Pei durchaus als eine eigenständige und unverwechselbare Rasse. Weil er aber

*Abb. 78.
Junger Shar Pei.
Eine derartige Faltenbildung ist unbedingt abzulehnen.
Aus Wilcox und Walkowicz, »Kynos Atlas-Hunderassen der Welt«, 1995.*

zur Hautfaltenbildung am ganzen Körper neigt, haben uneinsichtige Züchter und Richter daraus ein Schönheitsideal gemacht. Je mehr Hautfalten ein Hund hat, desto schöner ist er (Abb. 78).

Der Standard sagt zwar deutlich: »Beim erwachsenen Hund sind deutliche Falten nur auf der Stirn und über dem Widerrist erlaubt.« Doch die Ausstellungssieger sprechen eine andere Sprache.

Der Standard verlangt ein mandelförmiges Auge. Diese Forderung führt, zusammen mit den dicken und wulstigen Hautfalten, zu einer Verengung der Lidspalten und zu einem Einrollen des Lidrandes (Entropium). Durch die ständige Reizung kann die Hornhaut geschädigt werden, so dass der Hund schließlich erblindet. Der Standard ist zwar auch hier deutlich und sagt: »Jegliche Anzeichen für eine Reizung der Augäpfel, der Bindehaut oder der Augenlider ist höchst unerwünscht.« Doch »die Sünden der Väter reichen auch hier noch bis ins siebente Glied«!

Die lose Kopfhaut ist die Ursache der hängenden Augenlider, die beim Basset- und Bloodhound immer noch als charakteristisches Rassenmerkmal gelten und im Standard ausdrücklich erwähnt werden, beim Bernhardiner dagegen noch in geringem Ausmaß geduldet, aber nicht mehr erwünscht sind.

Der Vorläufer des heutigen Bloodhounds war der St. Hubertushund, eine der ältesten Parforce-Jagdhunderassen Frankreichs. Vermutlich war auch er ein relativ schwerer Hund, schreibt doch der französische König Charles IX. in einer Abhandlung über die »Chasse royal«: »Im Ganzen genommen sind sie gut für Leute, die an Gicht leiden ....«

Die Entwicklung zum »Schauhund« begann ab 1875. Die typischen Rassemerkmale des Hubertushundes, lange Ohren, Stirnfalten und Wamme wurden überbetont. »Alles sieht nur noch nach dem Kopf«, schreibt ein Kritiker im Jahre 1902. Überlange Ohren, Stirnfalten und hängende Augenlider mit chronisch entzündeten Bindehäuten galten nun als besonders erstrebenswerte Rassemerkmale. Eine Rückkehr zum ursprünglichen Typ, der frei von diesen Übertreibungen sein sollte, versuchte in den sechziger Jahren der Präsident des Schweizerischen Laufhunde-Clubs Dr. Riat, aber sein »rekonstruierter Hubertushund« hatte auf Ausstellungen keine Chancen, und heute existiert er vermutlich nur noch in wenigen Exemplaren in Italien.

Eine ähnliche unerfreuliche Entwicklung wie der Bloodhound machte der Bassethound durch. Die ersten Bassets, die um 1866 von Frankreich nach England kamen, waren Hunde vom Typ des Basset artésien-normand (Abb. 79). Diese beweglichen Jagdhunde, die frei von jeglichen anatomischen Übertreibungen waren, wurden nun mit Bloodhounds gekreuzt. Das Ergebnis ist ein Hund, der, sofern seine typischen Rassemerkmale nicht allzu übertrieben sind, durchaus seine Berechtigung haben kann.

Aber was heute auf Ausstellungen in den vordersten Rängen steht und auf einer Welt-Hundeausstellung dem Publikum als »Schönster Hund der Ausstellung« präsentiert wurde, erscheint kaum mehr tolerierbar. Übermäßig lange Ohren, die fast den Boden berühren, hängende Augenlider mit entzündeten Bindehäuten, faustgroße Hautwülste an den Sprunggelenken, runzelige Haut an den ausgedrehten Vorderläufen kann man wohl kaum mehr als schön bezeichnen. Ein artgerechtes Leben als Lauf-Raubtier ist in einem solchen Körper nicht mehr denkbar (Abb. 80). Wird dem zahlreichen Publikum ein solcher Hund als Inbegriff von Schönheit präsentiert, dann ist das wohl kaum eine gute Reklame für den Rassehund.

*Abb. 79. Basset artésien-normand, der Vorläufer des heutigen Bassethounds.
Foto: E.-M. Krämer, D-53814 Neunkirchen-Seelscheid.*

*Abb. 80. Bassethound mit groben Hautwülsten an den Sprunggelenken, Hautfalten
an den Vorderläufen und hängenden Augenlidern.
Foto: E.-M. Krämer, D-53814 Neunkirchen-Seelscheid.*

Lose Haut bedingt hängende Lefzen, die »Winkeltaschen« bilden, in denen sich dauernd Speichel sammelt. Bernhardiner, die auf Ausstellungen mit um Brust und Hals gebundenen, versabberten Tüchern in ihren Boxen sitzen und Bloodhound-Aussteller, die mit dem Putzlappen in der Hand im Richterring erscheinen und ihrem Hund alle paar Minuten den Speichel von den Lefzen wischen, sind ein gewohntes Bild.

Neulich berichtete in einer Zeitschrift für Tierfreunde ein Bloodhound-Besitzer: »Unser Hund war ein wirklich lieber Kerl, aber nun sind wir dennoch froh, dass er gestorben ist. Jedesmal wenn er seinen Kopf geschüttelt hat, mussten wir unser Kind waschen, weil es über und über mit Speichel bekleckert war.« Dieses Sabbern mag dem Hund freilich keine Schmerzen bereiten und ist ihm vielleicht nicht einmal unangenehm, umso mehr aber für den Besitzer und fremde Leute, die ungewollt in die Nähe eines sich schüttelnden Bloodhounds oder Bernhardiners geraten.

Hunde mit viel loser Haut haben oft auch überlange und schwere Ohren. Dazu gehören wiederum Bloodhound, Bassethound und auch der Cocker Spaniel. Alle Wildhunde und alle Hunde auf prähistorischen Abbildungen haben aufrecht stehende Ohren. Wann das Schlappohr als Folge der fortschreitenden Domestikation aufgetreten ist, wissen wir nicht, osteologische Befunde geben darüber keinen Aufschluss.

Lange, schwere und vor allem beim Cocker Spaniel noch stark behaarte Ohren, sind die Ursache von chronischer Otitis externa (Entzündung des äußeren Gehörgangs), von Züchtern auch »Ohrzwang« genannt. Die Cocker Spaniel und Pudel stehen mit 33 % beziehungsweise 24 % der erkrankten Hunde an der Spitze aller Rassen.

Bei kurzhaarigen Rassen mit überlangen Ohren kommt es relativ häufig zu schmerzenden Blutergüssen (Blutohr), weil die Hunde beim Kopfschütteln die langen Ohren irgendwo anschlagen und verletzen.

Wenn die Ohren so lang sind, dass der Hund sie während der Nahrungsaufnahme in der Futterschüssel beschmutzt und sie ihm deshalb hochgebunden werden müssen, dann ist der Begriff »Extremzucht« sicher berechtigt.

## ZU VIEL HAAR - ZU WENIG HAAR

Ein Afghanischer Windhund mit einwandfrei gepflegtem, seidigem Haarkleid, das den Körper wie einen wallenden Umhang umgibt, ist eine beeindruckende Erscheinung. Kein Wunder, dass Afghanen oft auf Ausstellungen als »Best in Show« dem Publikum vorgestellt werden. Ich habe auch ein anderes Bild vor mir: Es mögen vielleicht zehn Jahre her sein, da musste das Veterinäramt einem

Afghanen-Züchter ein halbes Dutzend arg vernachlässigter Hunde wegnehmen. Das seidige Haar war zu dichten Platten und Knoten verfilzt, unter denen handflächengroße nässende Ekzeme lagen.

Langes Seidenhaar gereicht auch dem Yorkshire Terrier und dem Shih Tzu kaum zum Vorteil. Viele Yorkshire Terrier verbringen während ihrer »Ausstellungskarriere« ihr Leben vorwiegend in Käfigen und dürfen höchstens mit aufgewickeltem Haar im Zimmer herumrennen. Ein Spaziergang im Freien ist ausgeschlossen, denn die Haarpracht würde dabei Schaden nehmen. Hier werden ein falsch verstandenes Schönheitsideal und der Ehrgeiz der Hundebesitzer zur Tierquälerei. Unvergesslich ist mir in diesem Zusammenhang eine Welt-Hundeausstellung in Dortmund. Ein Richterkollegium präsentierte dem zahlreichen Publikum einen Yorkshire Terrier mit überlangem Körperhaar und bis auf den Boden reichenden Bart als »Schönsten Hund der Ausstellung«. Das Publikum hat die Richter ausgepfiffen, zu Recht, wie ich meine.

Problematisch ist die Haarfülle beim Komondor und Puli. Zwei alte Bilder, die Jahreszahlen sind leider nicht lesbar (publiziert in »Die ungarischen Hirtenhunde« von C. G. Anghi, 1938), zeigen zwei Komondors mit einem langen zottigen Fell, aber mit einem *kurz behaarten Gesicht*. Diese Hunde konnten normal sehen!

Sowohl Beckmann (1895) wie der große Kynologe R. Strebel (1905) unterschieden nicht zwischen Komondor und Kuvasz. Die Vorläufer des heutigen Pulis waren Hunde vom Typ des heutigen Pumi (Abb. 81). Es waren mittelgroße, struppige, auch kraushaarige Schäferhunde, die wohl verlängertes Haar rund um die Schnauze und über den Augenbogen hatten, aber die Augen waren, wie beim Pumi, nicht verdeckt.

Wie ein heutiger Puli, dessen Augen von einem dichten Haarvorhang völlig verdeckt sind, ein von der Herde entferntes Schaf noch sehen soll, ist schwer vorstellbar. Puli-Besitzer versichern zwar, ihr Hund könne sehr wohl sehen, aber wie ein Hund, dessen Augen ich nicht sehe, mich sehen soll, ist mir rätselhaft. Auch wenn sich ein Hund nicht vorwiegend nach dem Gesicht orientiert und weit mehr in einer »Geruchswelt« als in einer »Sehwelt« lebt, so hat er dennoch Augen, um sehen zu können. Und man sollte ihm nicht durch einen unsinnigen Haarwuchs die Möglichkeit dazu nehmen.

Das Gegenteil zum übertrieben üppigen Seidenhaar des Yorkshire Terriers und des Shih Tzus sind die schon erwähnten Nackthunde. Dass bei homozygoter Anlage des Nacktgens (siehe Seite 84) die Welpen schon vor der Geburt sterben und das Gen mit einem Gen für massiven Zahnverlust gekoppelt ist, habe ich bereits erwähnt. Haarlose Hunde gibt es seit Jahrhunderten. Wenn ich in einer Zeitschrift lese, Nackthunde seien unfähig, sich fortzupflanzen, dann hätte

*Abb. 81. Pumi, vermutlich die Ausgangsform der ungarischen Schäferhunde. Foto: E.-M. Krämer, D-53814 Neunkirchen-Seelscheid.*

sich der Autor überlegen sollen, weshalb es sie dann immer noch gibt!

Wegner (1979) geht mit ihnen scharf ins Gericht. Er spricht von einem »Missbrauch eines Defektgens zur Etablierung einer Liebhaberrasse«, denn diese Hunde sind »für ein natürliches Leben in kälteren Zonen nicht gerüstet«. Vielleicht hat er recht, aber welcher Hund führt in einer mitteleuropäischen Stadt noch ein »natürliches« Leben?

Kein vernünftiger Besitzer eines Nackthundes wird seinen Hund im Winter frieren lassen. Bungartz (1890) berichtet von seinen Nackthunden, dass sie sich mit Wollust im frisch gefallenen Schnee wälzten und sich dabei nicht erkälteten. Belegt ist auch die Geschichte eines Nackthundes, der jahrelang in einer Hütte des Alpenvereins im Hohen Priel lebte und bei bester Gesundheit ein hohes Alter erreichte.

Problematischer als die Kälteempfindlichkeit scheint mir die Gefahr eines Sonnenbrandes. Wie alle Hunde, so liegen auch Nackthunde, sofern sie dazu Gelegenheit haben, gerne in der prallen Sonne. Für den mexikanischen Xoloitzquintle, der vorwiegend einfarbig schwarz oder dunkelbraun gezüchtet wird, ist das kein Problem. So wenig wie ein Schwarzer in Afrika unter Sonnenbrand leidet, kann sich auch ein schwarzer Xoloitzquintle in der Sonne kaum die Haut verbrennen. Anders ist das beim Peruanischen Nackthund, der sehr hellhäutig sein kann; im alten Standard waren rosafarbene Hautflecken zwingend vorgeschrieben. Hellhäutige Nackthunde können einen Sonnenbrand bekommen. Nicht umsonst hießen die Hunde ursprünglich »Moonflower Dogs«; die hellhäutigen Hunde der vornehmen Inkas durften sich nur abends bei Mondenschein im Freien bewegen.

Darüber, ob Nackthunde unter den Begriff »Qualzucht« einzureihen sind oder nicht, gehen die Meinungen auseinander.


## ZU GROSS - ZU KLEIN
Auf das unbiologische Reproduktionsverhalten der riesen- und zwergwüchsigen Hunderassen habe ich bereits hingewiesen (siehe Seiten 99-103). Es bleibt hier noch der Hinweis auf anatomische Defekte, die mit Riesen- und Zwergwuchs ursächlich zusammenhängen.

Der schon mehrmals erwähnte berühmte Bernhardiner »Barry I« (siehe Abb. 39, Seite 74) war ein zwar großer, aber relativ leichter, drahtiger Hund, der seine Funktionen als Rettungshund auch bei hohem Neuschnee problemlos ausüben konnte. Dazu wären die wenigsten der heutigen Bernhardiner noch tauglich, sie sind zu schwer und zu unbeweglich geworden.

Wenn sich ein bekannter Bernhardiner-Züchter in einer Monografie über den St. Bernhardshund stolz rühmt, er habe Hunde mit einer Schulterhöhe von 100 cm und Gewichten über 113 kg gezüchtet, so stelle man sich einen solchen Koloss in 1 Meter tiefem Schnee vor!

Und wenn mir ein Züchter von Mastìn Españols auf einer Ausstellung erklärte, er habe in seinem Zwinger keinen erwachsenen Hund, der weniger als 100 kg wiege, dann frage ich mich, wie diese schwerfälligen Tiere noch ihre Funktion als Viehhüter und Viehbeschützer ausüben können. Nebst Schulter- und Ellbogendysplasie ist auch Hüftgelenksdysplasie bei diesen schweren Hunden überdurchschnittlich häufig. Zweifellos sind diese Gelenkveränderungen zumindest zum Teil gewichtsbedingt.

D. Hitz (1972) hat in einem besonderen Wägeverfahren die gewichtsmäßige Belastung der Vorder- und der Hinterhand ermittelt und herausgefunden, dass beim ruhig stehenden Hund 2/3 des Körpergewichts von den Vordergliedmaßen getragen werden. Die Kraft, die beim Laufen auf die Vorderpfoten einwirkt, entspricht ungefähr dem Körpergewicht, auf den Hinterpfoten lasten nur 80 % des Körpergewichts. Das mag von Rasse zu Rasse etwas verschieden sein, aber bei schweren Rassen kommt es, vor allem während der Wachstumsperiode, zu einer Überbelastung des Stützgewebes und zu einer Schädigung der Schulter- und

Ellbogengelenke. Die Ausrichtung der Zucht auf möglichst imposante, schwere Hunde liegt aus diesen Gründen nicht im Interesse der betroffenen Rassen und muss in etlichen Fällen als eigentliche »Qualzucht« bezeichnet werden. Bei der Hüftgelenksdysplasie spielen allerdings, neben dem Gewicht, auch andere Faktoren eine wichtige Rolle.

Eine weitere Folge der Zuchtausrichtung auf große Körpermaße ist die deutlich reduzierte durchschnittliche Lebenserwartung, die bei allen schweren Rassen unter zehn Jahren liegt, während Pudel und Schnauzer im Mittel über zwölf Jahre alt werden. Ein zwölfjähriger Bernhardiner hat Seltenheitswert, 16 Jahre alte Zwergschnauzer sind recht häufige Teilnehmer an Altersfrische-Wettbewerben.

Altersfrische und Lebensdauer können aber auch bei großen Rassen züchterisch beeinflusst werden, indem man beispielsweise versucht, alte, gesunde Rüden vermehrt in der Zucht einzusetzen. Die immer noch von einigen Rasseclubs vorgeschriebene Zuchtalterbeschränkung für Rüden von acht Jahren wirkt sich kontraproduktiv aus. Es ist leider immer noch ein weit verbreiteter Irrtum, alte Rüden würden schwächliche Welpen zeugen.

Unverändert gelten Miniatürchen beim Yorkshire Terrier und Zwergpinscher als besonders wertvoll und deshalb als erstrebenswertes Zuchtziel. In der »Berner Zeitung« vom 23. April 1999 wurden zwei Yorkshire Terrier vorgestellt, deren Besitzer sie zum Eintrag ins »Guinessbuch der Rekorde« angemeldet hat. Der »Rekord« besteht darin, dass »Buddy« nur 450 g und »Darika« nur 475 g wiegt.

Solche Miniaturen entstehen nur dann, wenn die Hündchen bei einer genetischen Anlage für Zwergwuchs während ihrer Wachstumsperiode dauernd hungern müssen. Der »Rekord« besteht hier in einer unverantwortlichen Tierquälerei und Dummheit des Züchters. Solches ist freilich nicht neu. Schon Ende des 19. Jahrhunderts erzielten »Züchter« Miniaturen, indem sie die Welpen hungern ließen und ihnen zudem Alkohol einflößten. Wenn es um persönlichen Ruhm geht, kennen Skrupellosigkeit und Dummheit keine Grenzen.

Unter den anatomischen Defekten, die ursächlich mit dem Zwergwuchs zusammenhängen, sind die persistierende Fontanelle (»Morula«) und die Patellaluxation vordergründig zu nennen. Beim Chihuahua erlaubt der Standard eine »kleine Morula«, aber »klein« wird auch hier von Züchtern und Richtern sehr extensiv ausgelegt. Im Extremfall fehlt das Schädeldach vollkommen (Abb. 82). Solche Hunde sind zu vor- und nachgeburtlichen Schädelverletzungen geradezu prädestiniert. Man kann aber sehr wohl auch Chihuahuas mit einem intakten Schädeldach züchten (Abb. 83), man muss es nur wollen und sollte zu kleine Hunde, Rüden wie Hündinnen, konsequent von der Zucht ausschließen.

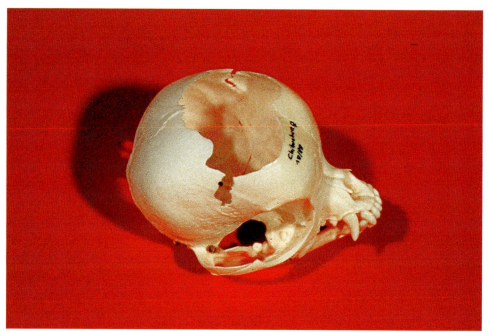

*Abb. 82. Chihuahua-Schädel mit fehlender Schädeldecke.
Albert Heim Stiftung, Foto: M. Nussbaumer.*

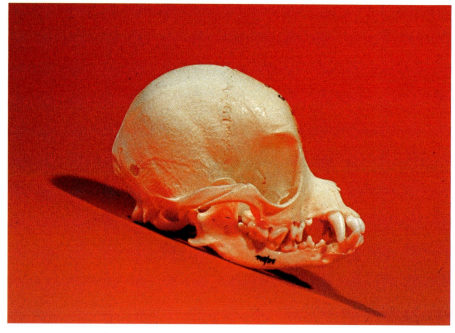

*Abb. 83. Chihuahua-Schädel mit geschlossener Schädeldecke. Eine offene
Fontanelle sollte nicht geduldet werden. Albert Heim Stiftung, Foto: M. Nussbaumer.*

Morulae sind allerdings nicht allein ein »Privileg« der Chihuahuas, obschon diese Rasse die einzige ist, bei der der Standard sie ausdrücklich erlaubt. Persistierende Fontanellen gibt es auch bei zu kleinen Yorkshire Terriern und Zwergpinschern. Seit jedoch beim Zwergpinscher die Risthöhe auf 25-30 cm erhöht wurde, sind bei den stammbuchmäßigen Zwergpinschern die Morulae verschwunden. Verschwunden sind sie aber immer noch nicht bei den in Zeitungsinseraten angepriesenen »niedlichen Rehpinscherchen«.

Zwerghunde haben häufig Probleme beim Zahnwechsel, indem die Milchzähne nicht rechtzeitig ausfallen und es zu doppelten Zahnreihen kommt, in deren Zwischenräumen sich Speisereste ansammeln, die zu Zahnfleischentzündungen führen können. Besonders die Canini bleiben bei Zwerghunden meist noch einige Zeit nach dem Durchbruch der bleibenden Zähne stehen und müssen entfernt werden, bevor es zu einer Schädigung der bleibenden Zähne kommt.

Zwerghunde leiden auch weit häufiger als mittelgroße und große Hunde unter einem starken Zahnsteinbefall. Als Richter habe ich oft kurz- und normalschnauzige Zwerghunde angetroffen, die bereits im Alter von zwei Jahren wahre »Kalkgebirge« im Maul hatten. Zahnfleischentzündungen, frühzeitiger Zahnausfall und übler Mundgeruch sind die Folgen dieser Zahnsteinbildung.

Ob die starke Tendenz zur Zahnsteinbildung der Zwerghunde die Folge einer erblich bedingten Störung der Speicheldrüsen oder nur eine Folge falscher Ernährung ist, erscheint ungewiss. Zwerghunde sollten aber auf jeden Fall periodisch zur Zahnsteinentfernung dem Tierarzt vorgestellt werden.

In jüngster Zeit wird nun auch vermehrt dem Problem der Patellaluxation (Kniescheibenverrenkung) bei den Zwerghunden Aufmerksamkeit geschenkt. Das war nicht immer so.

Wenn ich vor 30 Jahren als Richter bei Zwerghunden auf eine schlechte Hinterhandbewegung hinwies und den Verdacht auf eine Patellaluxation äußerte, stieß ich regelmäßig auf völliges Unverständnis seitens der Züchter. Heute ist man einsichtiger geworden und sieht, dass das Problem nicht mit einer Operation der erkrankten Hunde gelöst werden kann.

In einem normalen gesunden Kniegelenk liegt die Kniescheibe (Patella) vor dem Gelenkteil des Oberschenkelknochens in einer Rille. Sie bewegt sich hier vertikal und dient der Umlenkung der Kräfte von oben nach unten. Verschiebt sich die Kniescheibe wegen einer Verflachung der Rillenränder nach innen oder nach außen, so können an den Knochenrändern des Ober- und Unterschenkels Veränderungen entstehen, die Kniescheibe vermag ihre Funktion nicht mehr ausüben. Eine geringfügige Verschiebung scheint dem Hund keine Beschwerden zu bereiten, wird aber die Abnutzung im Gelenk zu groß, dann hat der Hund erhebliche Schmerzen beim Aufstehen, Treppen steigen und hinkt beim Laufen.

Erstmals im deutschsprachigen Raum wurde das Problem der Patellaluxation 1990 im Tierspital in Zürich an 120 Papillons untersucht. Dass es Pappillons waren, hat nichts damit zu tun, dass diese Rasse von allen Zwerghunden am stärksten befallen ist, sondern lediglich, weil die Züchter sich bereit erklärten, an der Untersuchung mitzuwirken, was durchaus nicht selbstverständlich ist.

Das Problem der Patellaluxation ist bei allen Zwerghunderassen weit verbreitet. Die Untersuchung ergab, dass 40 % der Hunde an Patellaluxation litten, die Hälfte davon allerdings nur geringfügig.

Eine Patellaluxation kann operativ korrigiert werden, aber damit ist das Problem nicht aus der Welt geschafft. Ob außer einer genetischen Veranlagung auch andere Faktoren (z. B. Überbeanspruchung) eine Rolle spielen, muss vorläufig noch offenbleiben. Ähnlich wie bei der Hüftgelenksdysplasie kann nur die konsequente Zucht mit gesunden Hunden auf die Dauer Erfolg bringen, wobei jedoch mit einem vollständigen Verschwinden des Defekts nicht zu rechnen ist.

## STUMMELRUTE UND AFTERKRALLEN
In den alten Standards für den Rottweiler, Entlebucher Sennenhund, Polski Owczarek Nizinny, Old English Sheepdog, Pembroke Welsh Corgi und den Schipperke werden ausdrücklich »angeborene Stummelruten« verlangt.

Die Länge der Stummelrute lässt sich jedoch nicht genetisch festlegen, sie reicht vom Verlust einiger Schwanzwirbel bis zur völligen Schwanzlosigkeit (Anurie = Ecaudalie). Die gewünschte Länge wurde deshalb, wenn nötig, seit jeher durch Kupieren der Ruten erreicht, zumal bei stummelschwänzig geborenen Hunden sehr oft die verbleibenden Schwanzwirbel deformiert sind. Beim Entlebucher Sennenhund sind einfach und doppelt geknickte Ruten häufig.

Stummelschwänzigkeit wird durch einen unvollständigen dominanten Erbfaktor verursacht, der bei homozygoter Anlage letal wirkt. Die Welpen sterben kurz vor oder nach der Geburt. Lebensfähig sind die heterozygoten Stummelschwänze und die mit langen Ruten geborenen Welpen. Züchter von Entlebucher Sennenhunden bestätigen mir, dass die heterozygoten, lebensfähigen stummelschwänzigen Welpen in der Regel leichter und weniger frohwüchsig sind als ihre langschwänzigen Geschwister.

Nach M. B. Willis (1984) führt die Zuchtwahl auf abnehmende Schwanzwirbel zur Spina bifida (Spaltwirbelbildung). Ohne große genetische Kenntnisse wussten die Züchter stummelschwänziger Rassen um die Gefahr, dass bei einer Paarung zweier stummelschwänzig geborener Hunde, der ganze Wurf tot geboren wird. Und deshalb paarten sie einen langschwänzig geborenen Hund mit einem stummelschwänzigen Hund oder noch viel häufiger zwei langschwänzig geborene Hunde und schnitten dann den Welpen die Ruten auf die gewünschte Länge ab. So wurde bei den meisten Rassen die Anlage für Stummelruten mehr und mehr verdrängt. Beim Entlebucher Sennenhund werden heute über 80 % der Welpen mit langen Ruten geboren, für andere Rassen fehlen mir exakte Zahlen.

Nachdem verschiedene Länder die »Europäische Konvention zum Schutze von Heimtieren« ratifiziert haben und in diesen Ländern das Kupieren der Ruten verboten ist, etliche Züchter sich aber mit dem Bild eines langschwänzigen Owczarek Nizinnys, Bobtails oder Entlebucher Sennenhundes nicht abfinden können, versuchen sie jetzt wieder vermehrt, stummelschwänzig geborene Hunde zur Zucht einzusetzen. Das wird zu einem Anstieg der heterozygoten und homozygoten Hunde und damit zwangsläufig wieder zu vermehrten Totgeburten homozygoter Welpen führen. Dieser Weg zur Umgehung einer gesetzlichen Bestimmung führt auf die Dauer ins Abseits.

Bei den französischen Schäferhunden Beauceron, Briard, Chien de Montagne des Pyrenées und beim spanischen Gos d'Atura Catala verlangen die Standards doppelte Afterkrallen an den Hinterläufen, wobei zumindest bei einer der beiden Krallen eine knöcherne Verbindung zum Mittelfuß bestehen muss.

Die Afterkrallen werden auch noch heute fälschlicherweise »Wolfskrallen« genannt, sie kommen jedoch beim Wolf nicht vor. Es sind vermutlich atavistische Relikte des einst auch hinten fünfzehigen Stammvaters aller Caniden. Sie können, wie dies die oben erwähnten Standards fordern, ein voll entwickeltes Zehenskelett oder nur noch rudimentäre Hornkrallen haben, die sporadisch auch bei anderen Hunderassen, zum Beispiel beim Bernhardiner oder bei den großen Sennenhunderassen, auftreten. Sie können einfach oder auch doppelt vorhanden sein. Da die Afterkrallen den Boden normalerweise nicht berühren, sind sie als Stützelemente völlig wertlos. Im Gegenteil, sie können den Hund beim Gehen behindern und sind oft die Ursache einer schlechten Hinterhandstellung (Kuhhessigkeit). Sie können überdies im Gestrüpp hängen bleiben und so der Anlass zu schmerzhaften Verletzungen sein; auf jeden Fall sind sie völlig überflüssig.

Es ist an der Zeit, dass sich die Züchter über diese unsinnige Standardbestimmung hinwegsetzen und den Welpen konsequent am zweiten oder dritten Tag nach der Geburt die Afterkrallen entfernen. Die kleine Operation verursacht dem Welpen kaum Schmerzen und bewahrt ihn vor späteren, weit schmerzhafteren Verletzungen.

## EMPFEHLUNGEN DES EUROPARATES
Neben dem bereits erwähnten »Europäischen Übereinkommen zum Schutze von Heimtieren« hat der Europarat 1995 noch eine zusätzliche »Résolution« erlas-

sen, in der er die abzulehnenden Zuchtformen bei Hunden und Katzen näher definiert. Diese »Résolution« geht sehr weit und bringt sehr einschneidende Bestimmungen, die schwerlich durchzusetzen sind.

Sie enthält folgende Bestimmungen:
- Höchstgrenzen bei großen und Mindestgrößen bei kleinen Hunderassen, um Skelett- und Gelenkschäden (Hüft- und Ellbogendysplasie), Patellaluxation, offene Fontanellen und Kollaps der Luftröhren zu vermeiden.
- Festsetzung von Maximalwerten in Bezug auf das Verhältnis von Schulterhöhe zur Körperlänge (z. B. bei Dachshunden und dem Bassethound), um Wirbelsäulenveränderungen zu vermeiden.
- Festsetzung einer minimalen Nasenlänge bei Bulldogs, King Charles Spaniels, Japan Chins, Mops und Pekingesen.
- Verbot abnormer Gliedmaßenstellung, beispielsweise »Stuhlbeinigkeit« beim Chow Chow, zu steile Hinterhand beim Norwegischen Buhund, beim Schwedischen Lapphund und beim Finnenspitz, Krummbeinigkeit beim Bassethound, Pekingesen und Shih Tzu.
- Streichung aller Standardbestimmungen, die Anlass zu krankhafter Lidbildung geben können, beispielsweise Ektropium beim St. Bernhardshund, Bloodhound und Bassethound oder Entropium bei verschiedenen Terrierrassen und dem Shar Pei.
- Verbot von hervorstehenden »Glotzaugen« beim Border Terrier, Brüsseler Griffon, bei Zwergspaniels u. a.
- Verboten sind zu lange Ohren beim Cocker Spaniel, Bloodhound und Bassethound.
- Verboten sind übermäßige Hautfaltenbildung beim Shar Pei, Bloodhound, bei den Bulldoggen, beim Mops und Pekingesen. (Den Mastino Napoletano hat man vergessen!)
- Verboten wird die Zucht von Rassen mit Semiletalfaktoren (Stummelrute, Blue-merle, Nackthunde).

Gegen diese Forderungen kann sachlich kaum viel eingewendet werden, die Schwierigkeit ihrer Durchsetzung liegt aber in der Festsetzung bindender Kriterien: Welches Verhältnis von Schulterhöhe zur Körperlänge ist noch tolerierbar? Wann ist ein relativ großes Auge ein »Glotzauge«? Wann ist beim Finnenspitz (einem Jagdhund!) die Hinterhand zu steil? Da stellt sich Frage über Frage.

Die Festsetzung dieser Kriterien darf jedoch nicht dem Europarat und einigen praxisfernen Theoretikern überlassen werden, hier müssen die Zuchtverbände, allen voran die Fédération Cynologique Internationale (FCI), der Verband für das Deutsche Hundewesen (VDH), der Österreichische Kynologenverband (ÖKV), die Schweizerische Kynologische Gesellschaft (SKG), die skandinavischen Kynologenverbände u. a. in Zusammenarbeit mit erfahrenen Tierärzten aktiv werden.

Was herauskommt, wenn sich die Kynologen nicht aktiv beteiligen und das Feld den Politikern überlassen, hat uns die schwedische Landwirtschaftsministerin gelehrt, nach deren Willen rund 60 Hunderassen von der Bildfläche verschwinden sollten, darunter alte und beliebte Rassen wie der Cocker Spaniel, der Boxer, alle kurzläufigen Rassen, der Bullterrier und andere mehr.

Als Begründung dieser Verbote wird angeführt, dass diese Rassen unter Atembeschwerden, Ohren- und Hautleiden, Knochendefekten und Gebärschwierigkeiten leiden; aber auch Rassen mit angeblich unkontrollierbarem Aggressionsverhalten gehören dazu, gemeint ist da unter anderem der Bullterrier sowie Rassen mit übersteigertem Sexualverhalten. Einzelne Rassen werden da nicht konkret genannt. Sie sollten nach Ansicht der Ministerin verschwinden. Es kann und darf nicht bestritten werden, dass die erwähnten Forderungen ihre Ursachen haben und dass die Kynologen ihnen begegnen müssen. Aber ihnen mit der gleichen sektiererischen Unvernunft und Arroganz zu begegnen, wie sie erhoben werden, führt zu nichts.

# Kapitel 8

# FORDERUNGEN FÜR DIE ZUKUNFT

Die Frage, ob in Zukunft noch neue Rassen geschaffen und durch die kynologischen Verbände anerkannt werden sollen, ist zweitrangig. Nachdem wir festgestellt haben, dass Rassen keine starren, sondern dynamische Einheiten darstellen, sind einer Vermehrung der Rassen kaum Schranken gesetzt. Der Mensch wird immer nach neuen Formen suchen. Ob das im Hinblick auf die Hundezucht sinnvoll ist oder nicht, bleibt dahin gestellt.

Dringend notwendig ist die Säuberung des Standards von sinnlosen und unbiologischen Forderungen, die im Extremfall zu schwerwiegenden Defekten führen müssen. Die Grenzen der Rassenzucht sind da gesetzt, wo das Tier in seinem artgemäßen Leben behindert wird, oder, um es etwas überspitzt zu sagen, da wo der Hund durch anatomische (oder auch psychische) Merkmale, die ihm der Mensch angezüchtet hat, in seiner Lebensqualität maßgeblich beschnitten wird. Diese Grenzen sind bei einigen Rassen ohne Zweifel bereits massiv überschritten, und es müsste ein dringendes Anliegen der internationalen wie nationalen kynologischen Verbände sein, sich wieder auf fundamentalste biologische Gesetze zu besinnen. Standards haben begrenzte Gültigkeit, denn die Rassen wandeln sich. Der Rassewandel kann durch züchterische Maßnahmen gefördert, aber auch behindert werden, völlig unterdrücken lässt er sich wohl kaum. Eine Anpassung der Standards an die veränderten Verhältnisse wird von Zeit zu Zeit unumgänglich sein.

Allen Unkenrufen zum Trotz glaube ich an die Zukunft des Rassehundes. Er hat gegenüber dem rasselosen Hund viele Vorteile, die erhalten werden müssen.

Mischlinge können durchaus liebenswerte und schöne Hunde sein, die die vom Menschen in den Hund gesetzten Erwartungen voll und ganz erfüllen. Der Rassehund ist nicht unbedingt besser und schöner, weil er teurer ist als ein Mischling, doch in ihm steckt, wie Nussbaumer und Althaus es ausdrücken, »genetisches Kapital«.

Der Käufer eines jungen Rassehundes weiß, wie sein Hund im erwachsenen Zustand aussehen wird und welche Charaktereigenschaften er von ihm erwarten darf. Beim rasselosen Hund, dessen Ahnen weitgehend unbekannt sind, lassen sich in dieser Beziehung nur vage Voraussagen machen.

Der Rassehund hat, um nochmals die beiden Autoren zu zitieren, »Gegenwarts- und Zukunftswert«, der Mischling dagegen nur »Gegenwartswert«. Rassehunde züchten, heißt in Generationen denken, bei der Zucht von Mischlingen überlassen wir alles dem Zufall. (Abb. 84)

Hunderassen sind ein altes Kulturgut, aber wie alles Kulturgut vergänglich, wenn es nicht stets erneuert wird. Es liegt an den Züchtern und an Zuchtverbänden, dieses Kulturgut zu erhalten und zu fördern.

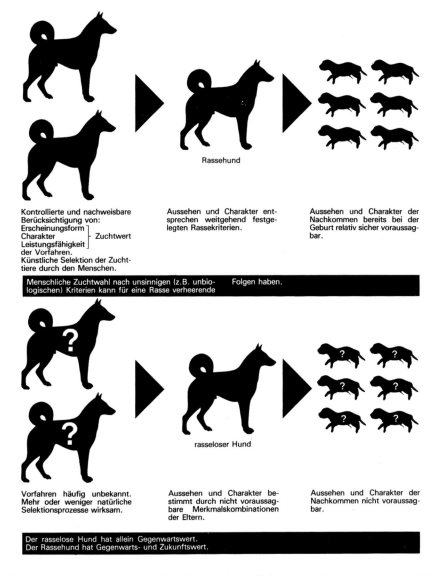

*Abb. 84. Rassehund und Mischling. Aus Althaus und Nussbaumer, 1983.*

# LITERATURVERZEICHNIS

| | |
|---|---|
| Althaus, Th. | Die Hunderasse, eine variable Größe, Z. f. wiss. Kynologie, 20/1984. |
| | Der Hund ist ein Haustier, Schweizer Hundesport, 1977. |
| | Die Klassifikation der nordischen Hunderassen, Schweizer Hundesport, 1977. |
| Althaus, Th. u. Nussbaumer, M. | Vom Torfhund zum Rassehund, Leitfaden zu einer Wanderausstellung, 1983. |
| Anghi, C. G. | Die ungarischen Hirtenhunde, 1938. |
| Becker, C. u. Johannsen, F. | Die neolithischen Ufersiedlungen von Twann, Staatl. Lehrmittelverlag Bern, 1981. |
| Beckmann, L. | Geschichte und Beurteilung der Rassen des Hundes, 1895. |
| Bolt, E. | Kniegelenkprobleme in der Forschung, Hunde, 18/1990. |
| Brentjes, B. | Die Haustierwerdung im Orient, 1965. |
| Burns, M. u. Fraser, N. | Die Vererbung des Hundes, 1968. |
| Czihak, G., Langer, H. u. Ziegler, H. | Biologie, zitiert in Huber, 1983. |
| Eisfeld, D. | Untersuchungen über das Farbsehvermögen einiger Wildcaniden, Z. f. wiss. Biologie, 174/1966. |
| Feddersen-Petersen, D. | Hundepsychologie, 1987. |
| Fox, M. W. | Vom Wolf zum Hund, 1975. |
| Frey, T. | Der Hund wird 100.000 Jahre alt, Weltwoche, 25/1997. |
| Giovanoli-Soglio | Angeborene Kurzschwänzigkeit beim Hund, Arch. Tierheilkunde, 37/1895. |
| Glättli, W. | Die Albert Heim Stiftung, Festschrift 100 Jahre SKG, 1983. |

| | |
|---|---|
| Hassenstein, B. | Instinkt, Lernen, Spielen, Einsicht, 1980. |
| Havanek-Balzaretti, B. | Beitrag zur Ätiologie der Dackellähme, Diss. Zürich, 1980. |
| Hilzheimer, M. | Die Haustiere in Abstammung und Entwicklung, Brehms Tierleben, 1912. |
| | Aus der Stammesgeschichte der Haushunde unter Berücksichtigung verschiedener Hundetypen, Z. f. Hundeforschung, 1931. |
| Huber, W. | Über die Variabilität der Hunderassen, Festschrift 100 Jahre SKG, 1983. |
| | Die Veränderung des St. Bernhardshundes in den vergangenen 140 Jahren, Festschrift SKG, 1983. |
| | Biometrische Analyse der Brachycephalie beim Haushund, 1974. |
| | Die Beziehungen zwischen Kopflänge und Schnauzenlänge bei verschiedenen Hunderassen, Arch. J. Klaus Stift, 27/1952. |
| Huber, W. u. Lüps, P. | Biometrische und entwicklungsmechanische Kennzeichnung der Brachycephalie beim Haushund, Arch. J. Klaus Stift, 43/1968. |
| | Probleme des Haushundeschädels in neuer Sicht, Lynx, 11/1970. |
| | Biometrische Analyse der Breitschädlichkeit beim Chow Chow, Schweizer Hundesport, 1973. |
| Kaiser, G. | Die Reproduktionsleistung der Haushunde in ihrer Beziehung zur Körpergröße und zum Körpergewicht, Z. f. Tierzüchtung u. Züchtungsbiologie, 1971. |
| | Die Bedeutung der Ovarien für die Reproduktionsleistung der Hunde im Zusammenhang mit der Körpergröße, Zool. Anz., 1977. |
| | Ergebnisse fortpflanzungsbiologischer Untersuchungen am Haushund und Wildhunden, Festschrift 100 Jahre SKG, 1983. |
| | Geburtsgewicht und Lebenschancen, Schweizer Hundesport, 1973. |
| | Ontogenesewandel während der Evolution, Schweizer Hundesport, 1979. |
| Keller, D. u. Huber, W. | Das Abstammungsproblem des Haushundes, Festschrift 100 Jahre SKG, 1983. |

| | |
|---|---|
| Lüps, P. u. Huber, W. | Metrische Beziehungen zwischen Kopf- und Rumpflänge beim Haushund, Rev. suisse de Zool., 1969. |
| | Biometrische Analyse des Barsoischädels, Nat. Hist. Museum Bern, 1964. |
| | Rassewandel beim Haushund, 100 Jahre SKG, 1983. |
| | Die Anfänge der kynologischen Forschung in der Schweiz, Schweiz. Kyn. Ges., 1983. |
| | Haushunde mit geringer Schädelkapazität, Schweizer Hundesport, 1973. |
| Menzel, R. u. R. | Pariahunde, 1960. |
| Molit, E. | Ungarische Hirtenhunde, 1956. |
| Neuhaus, W. | Über das Sehvermögen des Hundes, Schweizer Hundesport, 1977. |
| Nussbaumer, M. | Das Problem der Hirnstammbasis bei Dachshunden, Schweizer Hundesport, 1977. |
| | Biometrische Vergleiche der Topogenesemuster an der Schädelbasis kleiner und mittelgroßer Hunde, Z. f. Tierzüchtung und Züchtungsbiologie, 95/1978. |
| | Über die Variabilität der dorso-basalen Schädelknickungen bei Haushunden, Zool. Anz., 1982. |
| | Größen- und geschlechtsabhängige Proportionen zwischen Hirn- und Gesichtsschädel beim Berner Sennenhund, Z. f. Tierzüchtung und Züchtungsbiologie, 1985. |
| Nussbaumer, M. u. Büttiker, E. | Archäozoologische und Anthropologische Untersuchungen, In Bacher, R., Bern-Engemeistergut, 1983. |
| Pape, H. | Anpassung des Farbvererbungsschemas bei Hunden an allgemeine Verhältnisse bei Säugetieren, Z. f. wiss. Kynologie, 6/1985. |
| | Die Rolle von Mosaikfaktoren bei der Stromung und der Merlefärbung des Hundes, Z. f. wiss. Kynologie, 25/1987. |
| Räber, H. | Die Herkunft der Schweizerischen Sennenhunde, 100 Jahre SKG, 1983. |
| | Die Schweizer Hunderassen, 1980. |

|   |   |
|---|---|
|   | Enzyklopädie der Rassehunde, Bd. I u. Bd. II (mit ausführlichem Literaturverzeichnis), 1993. |
|   | Probleme der Hundehaltung, Festschrift 100 Jahre SKG, 1983. |
| Rütimeyer, L. | Untersuchungen der Thierreste aus den Pfahlbauten der Schweiz, Ant. Ges. Zürich, 13/1860. |
| Seiferle, E. | Irrwege der modernen Rassehundezucht, 100 Jahre SKG, 1983. |
|   | Vom Formalismus in der Hundezucht, Feld, Wald u. Wasser, 1976. |
| Seiler, J. | Die Stummelschwänzigkeit bei Hunden, Diss. München, 1954. |
| Siber, M. | Der Battahund, Schweiz. Hundestammbuch 3, 1889. |
| Sierts-Roth, U. | Geburts- und Aufzuchtgewichte von Rassehunden, Z. f. Hundeforschung, 1953. |
| Stampfli, H. R. | Die prähistorischen Hunde der Schweiz, 100 Jahre SKG, 1983. |
|   | Die neolithischen Ufersiedlungen von Twann, Tierknochenfunde, 1977. |
| Strebel, R. | Die deutschen Hunde, 1905. |
| Studer, Th. | Beitrag zur Kenntnis der Hunderacen in den Pfahlbauten, Arch. f. Anthropol., XII/1880. |
|   | Die prähistorischen Hunde in ihrer Beziehung zu den gegenwärtig lebenden Rassen, Paläont. Ges. Zürich, XXVIII/1901. |
|   | Die Hunde der Battaks auf Sumatra, Schweiz. Hundestammbuch, 3/1899. |
|   | Über die Thierreste aus den Pfahlbaustationen, Lüscherz und Mörigen, Anz. f. Altertumskde., II/1874. |
|   | Geschichte unserer Hunderassen, Schweiz. Hundestammbuch, 7/1903. |
| Vilà Ch. u. Wayne, R. K. | Multiple and Ancient Origines of the Domestic Dog, Sience, 276/1997. |
| Wachtel, H. | Den Ahnen unserer Hunde auf der Spur, Der Hund, 1997. |

# Loyd Grossmann

# DER HUND ... und seine wahre Geschichte

In der Geschichte des Menschen ist die Freundschaft zwischen Mensch und Hund die älteste. Sie begann vor vielen Jahren, als ein junger Wolf erste zögernde Schritte in Richtung auf das Lagerfeuer machte, von einem unserer frühesten Vorfahren willkommen geheißen, möglicherweise sogar gefüttert wurde. In den Jahrtausenden danach hat sein Nachkomme, der Hund, in der ganzen Welt eine einzigartige Position errungen, er steht auf halbem Weg zwischen den *zivilisierten* Menschen und der *wilden* Natur.

Loyd Grossman erforscht in »*Der Hund ...und seine wahre Geschichte*« diese außergewöhnliche Beziehung, überprüft einige ihrer sozialen, wirtschaftlichen, religiösen und psychologischen Hintergründe. In vielen menschlichen Gesellschaften ist der Hund hochgeachtet, andere wiederum sehen in ihm wenig mehr als eine Nahrungsquelle. Der Mensch hat Hunde zugunsten des wissenschaftlichen Fortschritts ausgebeutet, ihre feinen Sinne wurden missbraucht, um in Kriegszeiten Botschaften durch die feindlichen Linien zu schicken.

Neben ihren Menschen arbeiten Hunde als zuverlässige Führhunde, als Schutzhunde, Lastenträger und Jagdgefährten. Die Entwicklung des Hundes vom wilden Tier zum Superstar in Hollywood, zum geliebten Schoßhund in Königshäusern, ist erstaunlich. Dieses Buch gewährt fundierte, hochinteressante Einblicke, wie und warum der Hund zum besten Freund des Menschen wurde.

216 Seiten Großformat, 129 Farbfotos, 37 Schwarzweiß-Abbildungen,
ISBN 3-929545-33-0, DM 58,--/SFr 55,--/ÖS 423,--

**KYNOS VERLAG Dr. Dieter Fleig GmbH**
Am Remelsbach 30 · D-54570 Mürlenbach/Eifel · Telefon: 06594/653 · Fax: 06594/452

### Dr. Dieter Fleig   DIE TECHNIK DER HUNDEZUCHT
Zucht auf Gesundheit, Intelligenz, Leistungsfähigkeit ... Schönheit!

Die Erstauflage dieses Buches wurde von dem Genetiker Professor Dr. Walter Schleger, Wien, dokumeniert: »Dem Autor meine Gratulation zu diesem Buch - es hat derzeit keine Konkurrenz!« Auch bei der dritten, stark erweiterten Auflage hat sich daran nichts geändert - im Gegenteil - 50 Jahre eigene Erfahrung des Autors in der Hundezucht schlagen sich in dem Werk nieder. Es ist eine Dokumentation des aktuellen Wissensstandes über die Hundezucht! Dieses Buch ist für jeden Hundebesitzer eine ganz große Hilfe.
300 Seiten, 148 Fotos, 16 Farbseiten,
ISBN 3-929545-31-4, DM 59,80/SFr 56,80/ÖS 437,--

### Dr. Malcolm B. Willis   GENETIK DER HUNDEZUCHT

»Alle reden von Genetik und - fast keiner versteht sie!« Jeder Züchter weiß, dass ohne genetisches Wissen, Kenntnisse der Gesetze der Vererbung, Hundezucht eine Frage des Zufalls bleibt. Allein der *grüne Daumen* reicht nicht aus! Und dennoch tun sich die Züchter schwer, sich in die Genetik einzuarbeiten. Dieses Buch des weltweit anerkannten englischen Forschers *ist auch für den normalen Hundehalter - ohne Hochschulstudium - durchaus verständlich geschrieben!* Ja - der Verlag hat dem Autor gegenüber betont den Wunsch geäußert, das genetische Wissen so darzubieten, dass jeder Hundefreund auch tatsächlich genetisches Grundwissen erwerben kann!   208 Seiten, 30 Tabellen, 10 Farbfotos,
ISBN 3-924008-91-4, DM 54,--/SFr 52,--/ÖS 394,--

### J. M. Evans/K. White   DIE HÜNDIN
Ein Handbuch zum besseren Verstehen und Betreuen von Hündinnen

Hündinnen werden leider immer in allererster Linie vom Gesichtspunkt ihrer Gebärfähigkeit als Zuchthündinnen dargestellt. Dieses Buch greift wesentlich über diesen Rahmen hinaus. Ganz gleich, ob man mit seiner Hündin züchten möchte oder nicht, je mehr man versteht, wie Hündinnen funktionell beschaffen sind, wie sie denken, fühlen und ihren Instinkten folgend handeln, umso mehr Freude hat man an seiner Hündin. Sie wird fröhlich und gesund leben. Am allerwichtigsten - das Buch enthält detaillierte Ratschläge hinsichtlich all der Krankheiten, denen Hündinnen unterworfen sind, gibt Hinweise, was dagegen zu tun ist. Ein Buch nicht nur für den Züchter, sondern für jeden Hündinnenbesitzer.
200 Seiten, reich illustriert,   ISBN 3-929545-78-0, DM 42,--/SFr 39,80/ÖS307,--

### KYNOS VERLAG Dr. Dieter Fleig GmbH
Am Remelsbach 30 · D-54570 Mürlenbach/Eifel · Telefon: 06594/653 · Fax: 06594/452